ESCOGE LA
SABIDURÍA

CÓMO SERVIR Y UTILIZAR NUESTRAS
PALABRAS Y DINERO PARA HACER EL BIEN

ERIC A. HERNÁNDEZ LÓPEZ

ESCOGE LA SABIDURÍA

La Junta General de Educación Superior y Ministerio dirige y sirve a la Iglesia Metodista Unida en el reclutamiento, preparación, crianza, educación y apoyo de los líderes cristianos (laicos y clérigos) con el propósito de crear discípulos de Jesucristo para la transformación del mundo. Su visión es que una nueva generación de líderes cristianos se comprometerá firmemente con Jesucristo y se caracterizará por la excelencia intelectual, la integridad moral, el valor espiritual y la santidad de corazón y vida. La Junta General de Educación Superior y Ministerio de la Iglesia Metodista Unida sirve como defensora de la vida intelectual de la iglesia. La misión de la Junta representa la tradición wesleyana de compromiso con la educación de los laicos y de las personas ordenadas al brindar acceso a la educación superior para todas las personas.

Diseño de portada: Leonardo Francia
Diseño gráfico: Leonardo Francia y Keishla Méndez Zabala
Edición: Myrna Maldonado, Heidy S. Vale Adorno y Vernon Peterson

ISBN-13: 978-1-945935-18-3

18 19 20 21 22 23 24 25 26 27—10 9 8 7 6 5 4 3 2 1

Impreso en los Estados Unidos de América

A la Iglesia Metodista de Puerto Rico. Desde los cuatro años de edad he tenido el privilegio de conocer, amar y servir a Dios como miembro de esta amada iglesia. Es mi deseo que este libro sea una forma de dar un poco de lo mucho que ella me ha dado a mí.

CONTENIDO

Parte 3: El dinero

AGRADECIMIENTOS

Gracias a mi amada esposa Heidy, mi compañera del camino; este libro es posible gracias a todo su apoyo a lo largo de mi ministerio pastoral.

Gracias a mis padres, familiares y amistades que revisaron el libro y me dieron sus recomendaciones.

Gracias a la Iglesia Metodista Samuel Culpeper en Hatillo, Puerto Rico por darme la oportunidad de compartir por primera vez todos los pensamientos e ideas que expondré a través de este libro.

Gracias a la Junta General de Educación Superior y Ministerio de la Iglesia Metodista Unida, y en especial a Kathryn Armistead y Jennifer Rogers, por su apoyo en este proyecto.

Gracias a mis vecinos de la Urbanización Brisas del Valle en Arecibo, Puerto Rico que luego del huracán María fueron ejemplo de servicio y generosidad.

Gracias a Vern Peterson por su excelente labor editorial.

Gracias a Leonardo Francia, Keishla Méndez y Myrna Maldonado por el diseño y revisión de este libro.

PREFACIO

El presente libro es un regalo de la Iglesia Metodista de Puerto Rico a la comunidad cristiana universal. Es un regalo que nos hace en tiempos en que tanto esta iglesia como la isla en que lleva a cabo su misión se enfrentan a serios desafíos que resultan de los descalabros producidos y revelados por el huracán María y su secuela. En medio de esos desafíos – y quizá en parte gracias a ellos – la Iglesia Metodista de Puerto Rico nos hace este regalo. Por ello debemos comenzar por una palabra de gratitud, tanto al autor mismo como a la iglesia en la que sirve y que auspicia su trabajo. Siempre es sorprendente a la vez que inspirador ver cómo es precisamente en medio de las dificultades el pueblo cristiano mejor vive y expresa su fe.

Aunque trata sobre temas harto discutidos por creyentes a través de las edades, esos temas cobran especial vigor debido a las circunstancias presentes y al modo en que se relacionan con los retos que nos enfrentamos los creyentes en todas las latitudes. Tres son los temas centrales del libro: el servicio, las palabras y el dinero. Son temas que generalmente se incluyen bajo el encabezado de "mayordomía". Pero, tristemente, con demasiada frecuencia limitamos el alcance de esa mayordomía que nos ha sido confiada, como si se tratara únicamente de cómo sostenemos a la iglesia, o qué hacemos con nuestro tiempo libre.

Pero si volvemos a la Biblia vemos que la mayordomía es mucho más que eso. Bien podemos decir que es para mayordomía que hemos sido colocados en esta creación de

Dios. Eso se ve desde las primeras historias de Génesis, donde Dios hace al ser humano y le coloca en el huerto para que lo cultive. Dios no hace el huerto como un producto final, como si ya fuera todo lo que debería llegar a ser. No; Dios produce un huerto que tiene necesidad de cultivo; es decir, de desarrollo y mejora, y coloca al ser humano para que se ocupe de esa tarea. Cuando así leemos aquella historia, vemos que en cierto modo la mayordomía es nada menos que la continuación de la obra creadora de Dios. El Dios creador, en lugar de darnos un mundo ya hecho, nos da un mundo en el que todavía queda bastante por hacer, y coloca esa responsabilidad en nuestras manos. Aunque no somos capaces de crear de la nada, como lo es el Dios soberano, sí se nos han dado poderes de creación. Y así, sabemos que es creadora aquella persona que toma las palabras heredadas de sus abuelos y con ellas crea historias, poemas y nuevas realidades. Es igualmente creadora la persona que abre un surco y siembra un grano de maíz, y la que forma la mente y el carácter de las nuevas generaciones; la que en una oficina toma las responsabilidades que se le entregan y las maneja con fidelidad y sabiduría. Ser humano es ser creador. Ser humano es ser compañero o compañera de Dios en su obra creadora.

Y, aunque ya eso sea suficiente para sorprendernos, la mayordomía va todavía más allá. Leamos de nuevo las muchas parábolas de Jesús acerca de esa mayordomía: "Un hombre rico repartió su haber entre sus siervos y se fue a otra tierra; otro construyó una viña y la dejó a cargo de sus siervos; otro está ausente y sus siervos no saben cuándo ha de venir; otro es un novio que no llega a la boda cuando se le espera". El tema común en todas estas parábolas es el de la ausencia. Y es precisamente eso lo que constituye un mayordomo. Un mayordomo en aquellos tiempos era la persona que manejaba las propiedades del dueño. Mientras el dueño estaba presente, el mayordomo consultaba acerca de sus decisiones. Cuando el dueño estaba ausente el mayordomo tenía que administrar sus propiedades sobre la base de su conocimiento de ese dueño ausente. El buen mayordomo muestra lo que es, no cuando el amo está allí para determinar todas sus acciones, sino cuando el amo le deja a cargo. Y lo mismo sucede con la mayordomía cristiana, con esa mayordomía para la cual Dios nos ha colocado en esta creación suya. Por extraño que parezca, la mayordomía se vuelve tanto más importante cuando parece que Dios está ausente.

En la iglesia no nos gusta hablar mucho de eso. Hablamos de la presencia constante de Dios. Hablamos de su compañía. Hablamos de una vida de constante oración experimentando esa presencia de Dios. Y todo eso es importante. Quizá debamos también entender que lo que Dios hace al colocar al ser humano en el huerto, al colocarnos hoy donde estamos, es darnos responsabilidades de tal manera que en su mismo cumplimiento nos acerquemos más a ese amo cuyos mayordomos somos. El famoso teólogo danés Soren Kierkegaard decía que la fidelidad de un soldado no se mide cuando el capitán está presente, sino cuando no lo está. El amor de Dios es como el amor de una madre que quisiera constantemente llevar a su hijo de la mano, pero sabe que si no le deja andar solo, nunca aprenderá a caminar. Una buena madre, precisamente porque es buena madre, le da espacio a ese hijo para que aprenda a caminar, aun a sabiendas de que en ese aprendizaje tropezará y se golpeará. Con dolor, quizá escondida detrás de una puerta, ve al pequeñuelo tambalearse y dar sus primeros pasos. Entonces, le ve después, con alegría, caminar con paso firme y seguro. Nuestro Dios, como una buena madre, ha colocado la humanidad en esta creación suya para que en ella caminemos y aprendamos a caminar, aun cuando esto conlleve la posibilidad de fuertes tropezones. Nuestro Dios, como una buena madre, nos da espacio para tropezar. Nuestro Dios, como una buena madre, parece ausentarse mientras vigila sobre nuestros pasos. Nuestro Dios, como una buena madre, espera y desea que aprendamos a caminar cada vez más como Él mismo camina.

Es aquí que entran en juego los temas centrales de este libro. El servicio a otras personas, que es el primer tema que el libro aborda, es también tema central en la Biblia y en la vida cristiana. El servicio cristiano se basa en la compasión, que no es lo mismo que la lástima. La lástima es condescendiente, como de quien se considera superior y más afortunado o afortunada que la otra persona, como quien piensa que solamente tienen algo que dar y no necesita recibir. La compasión [con-pasión] es otra cosa. Es el sentir juntamente, el participar de los mismos dolores y deleites, el sufrir con quien sufre y gozarse se con quien se goza. Y esta es tema central en la Biblia, donde se nos habla de cómo somos un solo cuerpo, de tal manera que cuando un miembro se goza todos se gozan, y cuando uno se duele, todos se duelen. La lástima nos hace sentir superiores. La compasión nos hace sentir que somos parte de los demás. Y esa compasión es el fundamento del servicio cristiano.

El servicio cristiano va más allá de eso. El servicio cristiano es cuestión de la presencia sacramental del mismo Señor Jesucristo. Al leer la historia de la iglesia y seguir sus debates teológicos, vemos con cuánta frecuencia la iglesia ha discutido acerca de la presencia de Jesucristo en la comunión, pero también con cuánta frecuencia nos hemos olvidado de la presencia de Cristo en la comunidad. Cuando en Primera de Corintios Pablo se refiere a la condenación de quien come y bebe indignamente porque no discierne el cuerpo de Cristo, no está hablando de discernir o no la presencia de Cristo en el pan, sino que está hablando más bien acerca de discernir la presencia de Cristo en esta comunidad que es su cuerpo. Quien se olvida de que somos un solo cuerpo, y por tanto no se duele cuando un miembro se duele, no discierne verdaderamente el cuerpo de Cristo.

Esto quiere decir que quizá deberíamos hablar del "sacramento del servicio". Hablamos de los sacramentos del bautismo y la comunión como modos que Jesús ha instituido para que en los elementos físicos del agua, el pan y el vino podamos acercarnos a Él. Pero con demasiada frecuencia se nos olvida que ese mismo Jesús también nos dijo que nos acercamos a Él cuando nos acercamos al necesitado. Y que cuando rechazamos al necesitado es a Él a quien rechazamos. "Cuantas veces lo hicisteis..."

El libro pasa entonces a hablar acerca de las palabras. Para quien esto escribe, el don de la palabra, tanto escrita como hablada, es uno de los supremos regalos que Dios nos ha otorgado. Es la palabra la que nos permite crear comunidad. Es la palabra la que nos permite compartir sueños que no vemos. Es la palabra la que nos permite expresar profundos sentimientos que de otro modo quedarían ocultos.

Y esto también es otra dimensión de los regalos de este Dios quien nos ha hecho a su semejanza. Porque el Dios de la Biblia es un Dios que es palabra: "En el principio era la Palabra, y la Palabra era con Dios, y la Palabra era Dios." Nuestro Dios, un Dios que habla, nos ha dado el divino don del habla. Nuestro Dios habla para crear: "Dijo Dios... 'sea' ... y fue". Lo que Dios pronuncia salta a la existencia. Y ese amante Dios Palabra nos ha dado también la capacidad de la palabra humana.

Como las de Dios, también nuestras palabras tienen poder creador. Tienen poder para crear el bien, y tienen poder para crear el mal. Con las palabras ben-decimos y mal-decimos; es decir, pronunciamos el bien y también el mal. Con nuestras palabras hacemos a nuestras hijas e hijos partícipes de nuestra vida y nuestros sueños. Con nuestras palabras podemos darles sentido de propósito y valor, o marcarles para siempre con dudas e inseguridad.

El poder de la palabra es también el poder de nombrar. En la segunda historia de la creación en Génesis, donde Dios crea primero al varón, le trae después a los animales "para que les ponga nombre". Esto quiere decir para que reclame sobre ellos autoridad. Cuando en esa misma historia Dios le trae a la mujer el varón no le pone nombre, sino que le da lo que viene a ser una variante de su propio nombre. Con lo cual indica que no reclama poder sobre ella, sino compañerismo y solidaridad. Es después del pecado y sus consiguientes maldiciones sobre la tierra, sobre el varón, sobre la mujer y sobre sus relaciones, que el varón decide ponerle nombre a la mujer, y le da un nombre sobre la base de lo que él considera ha de ser la función de ella: "se llamará Eva, porque será madre de todos los vivientes".

Por tanto, tiene razón el autor de este libro al colocar el tema de las palabras y su uso a un nivel paralelo al del servicio y el uso de los talentos y recursos económicos.

En tercer lugar, el libro trata acerca de los talentos. Originalmente, la palabra "talento" era más bien una medida de peso, que se utilizaba para determinar una gran cantidad de dinero. Originalmente era aproximadamente 45 libras, de modo que un talento de oro era una enorme fortuna. Pero, en parte debido a la parábola que Jesús cuenta sobre los talentos y al modo en que se ha interpretado tradicionalmente, para nosotros hoy un talento es sencillamente la capacidad de hacer algo bien. Así decimos, por ejemplo, que hay quien tiene talento para la música, o talento para la enseñanza, o talento para la agricultura. Indudablemente, todos estos son dones de Dios, y debemos administrarlos como mayordomos utilizando el espacio de libertad que Dios nos da para ser fieles a ese Dios proveedor de talentos. Por tal motivo, en la iglesia cuando hablamos de "mayordomía" no nos referimos únicamente al empleo del dinero, sino también al empleo del tiempo y de los diversos dones con los que Dios nos ha bendecido. Y es también por eso que, a la luz de la parábola de los talentos, tenemos que entender que somos responsables ante Dios por el uso que hagamos, no solamente del dinero, sino también de cada uno de sus dones y de cada una de las oportunidades que se nos ofrecen.

Si el espacio lo permitiera, habría mucho que decir acerca del dinero y su significado dentro del marco de la vida cristiana. Recordemos al menos que el dinero representa horas de vida y trabajo por parte de alguien. Si gano $30 por hora, cada dólar representa dos minutos de mi vida. Si gano cinco dólares por hora, cada dólar representa 12 minutos de mi vida. Es en parte por esto que la ofrenda de la viuda, con todo y ser pequeña, era mayor que la de los picachos que ofrecían sumas mayores. Frecuentemente se nos olvida esto, y tristemente pensamos que una cantidad cualquiera de dinero representa siempre lo mismo, mientras en realidad hay personas para quienes un millón de dólares representa menos que cinco dólares para un pobre. El dinero es importante, y hace bien el autor en ayudarnos a pensar sobre su uso. Pero no olvidemos que en términos humanos el dinero representa horas de la vida que Dios le ha dado a alguna persona. Y no olvidemos que al manejar el dinero estamos manejando minutos, horas, días y años de nuestra vida. Por eso lo que el pastor Eric Hernández escribe es tan importante, porque saber manejar el dinero es parte de saber manejar la vida, y emplear el dinero irresponsablemente es también malgastar parte de nuestra propia vida.

Para terminar, ya que estamos hablando de la parábola de los talentos, conviene que recordemos que lo que viene en el Evangelio de Mateo inmediatamente después de esa parábola es la historia del juicio de las naciones, cuando Jesús dice que separará a unos a su derecha y otros a su izquierda, como un pastor separa a las ovejas de los cabritos. Como decíamos al principio, estas palabras acerca del juicio de las naciones nos ayudan a entender la importancia que tiene el servicio cristiano. Pero quizá nos ayuden también entender algo de los talentos que Dios nos ha dado. A manera de experimento, veamos esa sección del Evangelio de Mateo de manera diferente, viendo ahora el juicio de las naciones, no como una historia aparte, sino más bien como una explicación de la parábola de los talentos. Cuando así lo vemos, resulta que la persona necesitada, aquel hambriento, aquella mujer sedienta, aquel desamparado, eran oportunidades, eran talentos que Dios nos había confiado para que recibiéramos.

Y así se completa el círculo de la mayordomía, que une el servicio con la palabra y con los dones y nos recuerda que todo ello ha sido puesto en nuestras manos para que lo empleemos como administradores y administradoras de los dones de Dios.

El libro que ahora la Iglesia Metodista pone en nuestras manos es entonces valioso, no porque cueste mucho o poco, sino porque es un llamado y una invitación a una mayordomía plena, y esa mayordomía plena es también plenitud de vida.

Gracias a la Iglesia Metodista de Puerto Rico, y a nuestro hermano Hernández por este regalo que nos recuerda el valor de todos los regalos de Dios.

Dr. Justo L. González

PRÓLOGO

Agradezco la oportunidad de escribir este prólogo al libro del joven amigo y pastor metodista, Eric Alberto Hernández López. Apasionado con la tarea pastoral en la iglesia local, Eric escribe desde la perspectiva de un pastor dispuesto a hacer teología pastoral y su libro es una excelente aportación sobre el quehacer de la iglesia.

Hacer teología pastoral en el Siglo XXI exige reflexión bíblica y teológica sobre lo que día a día hacemos en la iglesia. Todo pastor y pastora debe ser teólogo/a pastoral que una y otra vez reflexione sobre su quehacer en la obra de la Iglesia, con el fin de mejorar la práctica de la misma y lograr un ministerio más fructífero.

El libro de Hernández López busca, a partir de la sabiduría de Dios, fortalecer la vida de las congregaciones y de la feligresía. El libro de Proverbios sirve de punto de partida para introducirnos al tema de la sabiduría de Dios. Partiendo de aquella frase bíblica que dice: "el principio de la sabiduría es el temor al Señor", Hernández López recurre a la erudición bíblica y nos ofrece una definición de lo que significa "el temor al Señor". Citando al Dr. Samuel Pagán Rosa: "El temor al Señor es la forma hebrea de aludir al respeto, reconocimiento, reverencia, aprecio, devoción y humildad con la que los creyentes se acercan ante Dios". Nos añade el autor de este libro: "el camino hacia la sabiduría comienza con acercarnos a Dios con humildad para ser dirigidos por Él".

Este libro nos invita a vivir las disciplinas espirituales de la vida en comunidad, las disciplinas del servicio, las palabras y el dinero. La disciplina del servicio tiene que ver con el estilo de vida que debemos vivir los seguidores de Jesús. La disciplina de las palabras nos alerta del poder que tienen las palabras que expresan nuestras convicciones y creencias. Por lo tanto, debemos aprender a utilizar nuestras palabras con sabiduría. La disciplina del dinero es una invitación a hablar acerca de las finanzas en forma saludable, tomando en cuenta el contexto cristiano de nuestra fe, y a utilizar el dinero para hacer el bien.

El libro de Proverbios sirve de punto de partida para adentrarnos en estas tres disciplinas espirituales de la vida en comunidad. El autor hace uso del cuadrilátero metodista (Biblia, tradición, experiencia personal y la razón) como instrumento hermenéutico (interpretativo). De esta forma, cada una de estas tres disciplinas espirituales es presentada con abundantes referencias bíblicas, viñetas históricas del movimiento metodista y experiencias personales.

Dentro del contexto de la cultura académica, el Pastor Hernández López ha integrado de forma creativa el uso de recursos digitales para enriquecer la lectura de este libro (www.erichernandezlopez.com). También incluye un resumen, una guía de estudio y una amplia bibliografía.

Nos ha tocado vivir un tiempo en el que es importante renovar nuestro entendimiento de la fe y ubicarlo en nuestro entorno socio cultural. Les invito a disfrutar la lectura de este libro, un excelente recurso para el laicado, el cuerpo pastoral, ministros diaconales y cristianos en general.

Rdo. Héctor F. Ortiz Vidal
Obispo Iglesia Metodista de Puerto Rico

INTRODUCCIÓN

"El principio de la sabiduría es el temor al Señor."
Proverbios 1:7

Para muchas personas, Salmos y Proverbios son sus dos libros favoritos de la Biblia. Incluso para personas que no son cristianas, Proverbios es muy disfrutado por sus frases cortas que contienen sabiduría práctica para la vida diaria. Mi libro es precisamente otra oportunidad para exponernos a la sabiduría que se presenta en la Biblia, para que podamos ponerla en práctica en nuestra vida. Pero tal vez más importante, podamos disfrutar de la plenitud de vida que viene al practicarla. La sabiduría no es solamente para la vida diaria, sino también para la vida plena.

Los libros de sabiduría

Proverbios es parte de lo que se conoce como los "libros de sabiduría" de la Biblia, de los cuales los más importantes son: Proverbios, Job y Salmos. Los libros de sabiduría, también reconocidos como "literatura sapiencial", tuvieron el propósito de organizar una serie de instrucciones o consejos para que el pueblo de Israel escogiera el camino del bien, y no del mal. Para lograr este propósito, estos libros comparan el camino del bien con el del mal, la sabiduría con la insensatez, la persona sabia con la necia. Además, presentan las consecuencias de un camino y del otro.

El propósito de estos libros nunca fue teórico, sino práctico, con el fin de que los lectores pusieran en práctica los valores divinos: honestidad, perdón, prudencia, amor, paz, respeto, dignidad, decoro y justicia. Para nosotros hoy día, su fin sigue siendo el mismo: ayudarnos a escoger el camino del bien al poner en práctica los valores presentados en Proverbios. Este camino se escoge al abrir nuestra mente y corazón para obtener la sabiduría que viene de Dios. Según la literatura sapiencial, esta sabiduría es un don, o regalo, de Dios que Él ofrece gratuitamente a quienes se acercan y se la piden.

Proverbios es el libro clásico y primario de la literatura sapiencial. El propósito del libro se presenta en los versículos 1:2-4:

> Para entender sabiduría y doctrina, y conocer razones prudentes. Para recibir prudentes consejos, y justicia, juicio y equidad. Para dar sagacidad a los incautos, e inteligencia y cordura a los jóvenes.

Proverbios es una invitación a escoger la sabiduría que proviene de Dios; y el versículo siete nos dice cómo adquirirla:

> El principio de la sabiduría es el temor al Señor; los necios desprecian la sabiduría y la enseñanza.

Muchas interpretaciones se han dado a este versículo siete, pero me parece muy saludable la que presenta Samuel Pagán, teólogo puertorriqueño, cuando escribe que el *temor* al Señor "es la forma hebrea de aludir al respeto, reconocimiento, reverencia, aprecio, devoción y humildad con que los creyentes se acercan ante Dios".[1]

El camino hacia la sabiduría

> *El camino hacia la sabiduría comienza con acercarnos a Dios con humildad para ser dirigidos por Él.*

El camino hacia la sabiduría comienza con acercarnos a Dios con humildad para ser dirigidos por Él. Sin embargo, el camino hacia la insensatez comienza con no tener temor al Señor. Según los Proverbios, ambas decisiones tienen consecuencias: escoger la sabiduría traerá sentido a la vida, paz, gozo abundante, felicidad y plenitud de vida, mientras que escoger la insensatez traerá preocupación, tristeza, guerra, una vida sin sentido e infelicidad.

El camino a la sabiduría en nuestros tiempos sigue siendo el mismo: el temor al Señor. Este camino hacia la sabiduría se puede ver en tres pasos: *acercarnos, reconocer y abrirnos*. Es por medio de estos pasos que podemos poner en práctica los valores del reino de Dios en la vida diaria y disfrutar de vida plena.

La sabiduría comienza con *acercarnos* a las enseñanzas bíblicas, y en particular las de Jesús. Cuando hablo de *acercarnos*, es importante entender que necesitamos escudriñar las enseñanzas bíblicas. Ahora bien, al acercarnos deben haber dos condiciones: consistencia y exposición. Con consistencia, nos referimos a lo importante que es acercarnos de manera disciplinada, y no solo cuando tenemos deseos. Con exposición, nos referimos a que no podemos escoger escudriñar solo algunas enseñanzas, sino todas; todas las enseñanzas bíblicas que van a la par con el evangelio de Jesús traen vida. La consistencia y la exposición nos ayudarán a entender el mensaje bíblico, ponerlo en práctica y disfrutar de plenitud.

Con *reconocer* me refiero a que al acercarnos a las enseñanzas bíblicas debemos examinarnos a nosotros mismos con humildad y recordar que no somos discípulos terminados, sino en construcción. Pablo escribe en 1 Corintios 10:12: "Por tanto, el que cree que está firme, tenga cuidado, no sea que caiga". Juan Wesley, fundador del metodismo, enseñó mucho sobre esto cuando afirmó que la salvación no es solo un momento, sino también un proceso llamado santificación. La santificación es el proceso de transformación para parecernos a Cristo, y esto dura toda la vida. Al acercarnos a las enseñanzas bíblicas, necesitamos reconocer que todavía nos resta camino por recorrer.

Con *abrirnos* me refiero a que al acercarnos a las enseñanzas bíblicas y reconocer lo que nos falta por crecer, debemos permitirle a Dios que nos dirija y transforme de manera que podamos ser más como Jesús. En muchas ocasiones, podemos acercarnos y reconocer que necesitamos la dirección y transformación de Dios, pero no siempre nos abrimos al cambio que implica esa dirección y transformación. En otras ocasiones hacemos un excelente diagnóstico de nuestra vida cristiana, pero una pobre intervención o aplicación. Retrasamos u obstaculizamos la obra del Espíritu Santo en nuestra vida porque no queremos salir de la zona cómoda. Queremos ser como Jesús, pero a nuestra manera, no a la manera del Espíritu Santo. Es importante reconocer que abrirnos no se trata de controlar la obra del Espíritu Santo, sino de permitir que el Espíritu Santo nos controle.

El resultado de *acercarnos, reconocer* y *abrirnos* será que podremos poner en práctica los valores del reino de Dios, a la vez que disfrutamos de vida, paz, gozo abundante, felicidad y plenitud; mientras que lo contrario traerá preocupación, tristeza, guerra, una vida sin sentido e infelicidad. Jesús nos presentó un ejemplo de lo importante que es escoger la sabiduría.

El tema del dinero es común dentro de las enseñanzas de Jesús. Solamente en el Evangelio de Lucas podemos identificar varias parábolas relacionadas con el tema, entre ellas: *El rico insensato* (12:16-21), *El mayordomo infiel* (16:1-13) y *Los obreros de la viña* (20:9-18). Escoger el camino de la sabiduría y tener temor al Señor es *acercarnos* a esos textos bíblicos sobre el dinero, *reconocer* con humildad dónde estamos en relación a lo que Jesús enseñó y *abrirnos* a la dirección y transformación del Espíritu Santo, de manera que podamos poner en práctica estas enseñanzas y disfrutar de vida plena.

¿Cuál es el gran reto con el dinero? En mayo del 2016 escuché en la ciudad de Portland (EE.UU.) al obispo metodista africano Ivan Abrahams decir que en la iglesia: "Leemos la Biblia como si no hablara de dinero, y gastamos el dinero como si no leyéramos la Biblia". Aunque este comentario resulta bastante absoluto, no hay duda de que en ocasiones descartamos los textos bíblicos que hablan de dinero. Incluso, en ocasiones sentimos incomodidad de que se hable de este tema en la iglesia. Como consecuencia de no *acercarnos* a este tema, se nos hace muy difícil *reconocer* dónde estamos y mucho menos *abrirnos* a la dirección y transformación de Dios. Este es el camino de la insensatez, que tiene como resultado el apego al dinero, ansiedad por no tener certeza de que Dios proveerá y celos cuando alguien a nuestro lado prospera económicamente.

El camino de la sabiduría es el que incluye *acercarnos* de forma consistente al tema del dinero, *reconocer* con humildad dónde estamos y *abrirnos* a ser dirigidos/as y transformados/as por Dios. El resultado de tener temor al Señor es plenitud de vida: libertad y desapego al dinero. Tendremos paz porque Dios proveerá y alegría de la riqueza de otras personas, porque lo importante no es la cantidad de dinero que tengamos, sino lo que hacemos con él.

Lucas 9:7-9 nos narra el momento en que Herodes escuchó hablar de Jesús y dijo: " '¡Yo mandé decapitar a Juan! Entonces, ¿quién es éste, de quien oigo decir tales cosas?' Y trataba de verlo". Herodes quería encontrarse con Jesús, quería verlo, no para seguirle y ser su discípulo, sino para saciar su curiosidad o quizás matarlo. En la vida cristiana tenemos la oportunidad de encontrarnos con Jesús por curiosidad, o para ser sus discípulos. Podemos acercarnos a Jesús con el propósito de mirar sus enseñanzas como un catálogo del cual podemos escoger las enseñanzas que más nos gusten, o podemos dejar que el Espíritu Santo nos dirija y transforme de "arriba a abajo". ¿Cuál es tu propósito al acercarte a las enseñanzas bíblicas? ¿Al acercarte a Jesús?

Hay veces que participamos de la vida cristiana con una cláusula: "yo soy así y así me quedaré". Ese es el camino hacia la insensatez, que niega la realidad de que somos obras en proceso de construcción. El camino hacia la sabiduría es el que dice: "yo soy así, pero Cristo quiere que yo crezca y sea transformado". ¿A cuáles enseñanzas bíblicas necesitamos acercarnos, reconocer dónde estamos y abrirnos a la transformación de Dios?

> *El propósito de este libro será acercarnos a tres temas principales por medio del libro de Proverbios: el servicio, las palabras y el dinero.*

El propósito de este libro será acercarnos a tres temas principales, por medio del libro de Proverbios: el servicio, las palabras y el dinero. Estos tres temas serán las tres partes principales del libro. Luego de cada parte habrá un resumen y una guía de estudio que nos ayudarán a reconocer dónde estamos para abrirnos a la transformación de Dios. Estos resúmenes y guías de estudio podrán ser utilizadas tanto a nivel individual como de grupos pequeños de discipulado. Te invito a tener un lápiz y una libreta para dar respuesta a cada una de las preguntas de esta guía de estudio. ¿De qué hablaremos en cada una de las tres partes? Veamos.

El servicio

Durante mi experiencia pastoral he escuchado a pastores y laicos comentarme que en sus congregaciones "el pastor o la pastora y unos pocos líderes lo tienen que hacer todo". A pesar de que esta realidad es producto de múltiples factores, en muchas ocasiones la misma es producto de ignorar que el cuerpo de Cristo, o sea, la iglesia, debe girar alrededor del Espíritu Santo y que cada creyente y miembro de la iglesia tiene una función y rol que ejercer para que la misión de Dios se logre por medio de la iglesia.

Si eres pastor o pastora y quieres evitar la quemazón y que la iglesia gire alrededor de unos pocos, este libro es para ti. Si eres laico y deseas colaborar a que la misión de Dios se haga real por medio de ti y tu iglesia, este libro es para ti. Para esto, comenzaré con un fundamento bíblico-teológico que establece que el servicio es el estilo de vida de los seguidores de Jesús, y luego brindaré consejos prácticos para ayudar a cada lector a manejar sus talentos para hacer el bien y hacer del servicio un estilo de vida.

Las palabras

Aunque de primera intención el tema de las palabras parece irrelevante a la vida de la iglesia, propondré que es medular. Las palabras tienen poder y la forma en que las manejamos afecta directamente que la iglesia pueda cumplir con su misión. En particular, hablaré de cómo se origina el chisme en la iglesia, cómo obstaculiza la misión de Dios y cómo podemos manejarlo.

También hablaré de cómo la política partidista es una amenaza para nuestras iglesias al no manejar bien nuestras palabras. Es muy fácil permitir que el coraje, el fanatismo y los prejuicios deterioren nuestras relaciones interpersonales.

Por último, hablaré de las palabras y el impacto que tienen en nuestras familias, ya sea para destruirlas o fortalecerlas.

Aprenderemos a manejar nuestras palabras para hacer el bien.

El dinero

El dinero tiene la capacidad de convertirse en un dios (Mateo 6:24), quitándole así el lugar que le corresponde a Dios en nuestras vidas. A pesar de que esto lo dijo Jesús mismo, continuamente luchamos con el apego al dinero, perdiendo así la oportunidad de depender de Dios. Por otro lado, he visto lo difícil que es hablar sobre este tema en las iglesias, por el temor a ser etiquetados como unos estafadores del evangelio. Como consecuencia, perdemos oportunidades para enseñar cómo debemos manejar nuestro dinero de acuerdo a las enseñanzas bíblicas. El resultado es congregaciones con muy pocas herramientas para manejar el dinero para hacer el bien.

Dentro de un contexto cristiano presentaré una forma saludable de hablar acerca del dinero. Comenzaré explicando la generosidad como disciplina espiritual, y luego comentaré acerca de algunas de las enseñanzas tanto de Jesús como de Juan Wesley acerca del dinero. Luego hablaré del diezmo en el Antiguo Testamento (AT) y lo que enseñó Jesús sobre el mismo. Terminaré proveyendo una definición del diezmo para el siglo actual, sugerencias de cómo diezmar y razones por las cuales las iglesias diezman.

El propósito de este libro: la vida abundante

Espero que este libro sea una oportunidad para que el liderato pastoral y laico de nuestras iglesias obtenga herramientas para manejar los temas del servicio, las palabras y el dinero con profundidad teológica y bíblica, pero a la vez de forma sencilla. Mi intención es que cualquier persona pueda leerlo y sacarle provecho.

Aunque el libro de Proverbios será el texto bíblico base para la discusión de estos tres temas, a lo largo del libro habrá una diversidad de otros textos bíblicos que complementarán la enseñanza que nos presenta Proverbios. En particular, presentaré varios textos de los Evangelios que nos ayudarán a encontrarnos con quién fue la sabiduría encarnada: Jesucristo.

El Evangelio de Juan nos dice:

> Jesús hizo muchas otras señales en presencia de sus discípulos, las cuales no están escritas en este libro. Pero éstas se han escrito para que ustedes crean que Jesús es el Cristo, el Hijo de Dios, y para que al creer, tengan vida en su nombre (Juan 20:30-31).

El propósito de Juan es presentar la divinidad de Jesús: Jesús como el hijo de Dios, y el Mesías de quien el Antiguo Testamento habla. Además, tiene el propósito de hacernos entender que la vida abundante viene al creer en Jesucristo.

Según este Evangelio de Juan, la vida abundante que viene al creer no se trata solo de la vida luego de la muerte, sino también de la vida plena que podemos vivir aquí y ahora cuando tenemos una relación personal con Jesucristo. Entonces, este libro será un encuentro con la sabiduría de los Proverbios y otros libros de la Biblia, pero sobre todo con Jesucristo, quien es la sabiduría para la vida.

Recursos adicionales

Para ayudar a cada lector a integrar estos consejos prácticos en su vida y respectivos contextos o iglesias locales, este libro presentará varios recursos de apoyo:

1. Una página web (www.erichernandezlopez.com) en la que estarán disponibles recursos de apoyo para los temas presentados. Al final de cada parte habrá una lista de los recursos disponibles.
2. Un resumen de cada parte.
3. Una guía de estudio para uso individual o grupos pequeños de discipulado.
4. Bibliografía (libros recomendados).

PARTE 1

EL SERVICIO

*"No te niegues a hacer los favores debidos,
cuando en tu mano esté el hacerlos.
Si hoy puedes ayudar a tu prójimo,
no pospongas la ayuda para mañana".*
Proverbios 3:27-28

En la introducción presenté que el camino hacia la sabiduría comienza con un temor al Señor, que significa acercarnos con humildad a Dios para que Él nos transforme. El ser humano está llamado a la santificación: la transformación que el Espíritu Santo hace en nosotros que nos lleva a dejar la vieja vida (actitudes, pensamientos y acciones contrarias a las enseñanzas de Jesús) para comenzar una nueva vida en Cristo. Esta santificación no es una opción para el creyente. Todos somos llamados a acercarnos a las enseñanzas de Jesús, reconocer que somos una obra en proceso de construcción y abrirnos a cambiar a la dirección en la que el Espíritu nos guíe.

Una de las grandes transformaciones o cambios que Dios quiere hacer en nuestra vida es transformar el "yo" por un "nosotros".

Escoger la sabiduría es eliminar el "yo soy así" de nuestra vida, y abrirnos a la transformación. Hay un adagio que dice: "Una persona que se despierta espiritualmente ya no puede vivir con el mismo patrón de conducta antiguo, igual que una mariposa no puede volver a vivir como una oruga".

Una de las grandes transformaciones o cambios que Dios quiere hacer en nuestra vida es transformar el "yo" por un "nosotros". Es cambiar nuestra forma de pensar y actuar de manera que nuestra vida no gire alrededor de nosotros, sino de Dios y de los demás. Dios no quiere transformarnos para que nos descuidemos a nosotros, sino para que no descuidemos a nuestro prójimo. Seguir a Cristo es la experiencia de imitar a Cristo que dedicó su vida a servir a los demás. Por tanto, para quienes seguimos a Cristo el servicio no es una opción, es el estilo de vida que debemos procurar. Veamos cómo la Biblia, y en particular Jesús, nos enseña a servir.

Un reinado de servicio, no de ser servido

Según muchos estudiosos de la Biblia, la intención del Evangelio de Marcos es presentarnos a Jesús y lo que conlleva ser sus discípulos. Lo interesante del Evangelio de Marcos es que mientras nos explica quién es Jesús y lo que conlleva ser sus discípulos, no tiene reparos en presentarnos la humanidad de quienes rodeaban a Jesús, incluyendo sus discípulos. En

Marcos se presenta a Pedro queriendo impedir que Jesús fuera crucificado, a dos discípulos queriendo grandeza en el reinado de Jesús y a los discípulos como personas que no entendieron el mensaje de Jesús.

Marcos 10:32-45 es precisamente uno de esos pasajes en donde los discípulos no entendieron lo que significaba el ministerio de Jesús.

Aquí se nos presenta a Jesús caminando hacia Jerusalén, que representaba el lugar en donde Jesús iba a ser crucificado, por lo que el camino hacia Jerusalén era en donde Jesús voluntariamente caminaba hacia su muerte por amor a la humanidad. Mientras caminaba con una multitud, Jesús se aparta con sus discípulos y comienza a explicarles lo que significaba esta caminata hacia Jerusalén: entrega, muerte, sufrimiento, y luego, vida. Jesús les dice en los versículos 33-34:

> Como pueden ver, ahora vamos camino a Jerusalén, y el Hijo del Hombre será entregado a los principales sacerdotes y a los escribas, los cuales lo condenarán a muerte y lo entregarán a los no judíos. Y se burlarán de él y lo escupirán, lo azotarán y lo matarán. Pero al tercer día resucitará.

Es probable que los discípulos tuvieran idea del peligro al que estaban expuestos por estar con Jesús, porque sabían que Jesús era buscado por las autoridades religiosas para matarle. La solicitud de dos de sus discípulos luego de esta primera explicación de Jesús muestra que no habían entendido que su ministerio significaba entrega, muerte, sufrimiento, y sobre todo, servicio.

Santiago y Juan se acercan para hacerle un pedido, que quizás estaba también en la mente de los demás discípulos (v.37): "Cuando te sientes en tu trono glorioso, nosotros queremos sentarnos en lugares de honor a tu lado, uno a tu derecha y el otro a tu izquierda". Observemos la secuencia: Jesús explica que su ministerio es entrega, muerte y sufrimiento, y los discípulos piden poder, autoridad y

La esencia del ministerio y reinado de Jesús: servir.

grandeza. ¿Estaban entendiendo lo que significaba ser parte del Reino de Jesús? Sin llegar a justificar a los discípulos, tenemos que entender el contexto en el cual ellos vivían.

En aquella época, y lamentablemente hasta el día de hoy, los gobernantes trataban a su pueblo con prepotencia y los funcionarios hacían alarde de su autoridad frente a los súbditos. Los gobernantes y quienes les rodeaban no buscaban servir, sino ser servidos. Esto era lo que estaba en la mente de Santiago y Juan: una oportunidad para ser servidos dentro del reinado de Jesús. No habían entendido que el Reino de Jesús no era igual que el reinado de los gobernantes de aquella época. Jesús iba en camino hacia Jerusalén porque su reinado era entrega, muerte, sufrimiento, y sobre todo, servicio.

Jesús no condena a Santiago y a Juan, sino que aprovecha la oportunidad para reunir a sus discípulos y explicarles una vez más el significado de su ministerio y la esencia de su reinado (vs.42-45):

> Ustedes saben que los gobernantes de este mundo tratan a su pueblo con prepotencia y los funcionarios hacen alarde de su autoridad frente a los súbditos. Pero entre ustedes será diferente. El que quiera ser líder entre ustedes deberá ser sirviente, y el que quiera ser el primero entre ustedes deberá ser esclavo de los demás. Pues ni aun el Hijo del Hombre vino para que le sirvan, sino para servir a otros y para dar su vida en rescate por muchos.

Esta última frase de Jesús es sumamente importante, porque revela la esencia del ministerio y reinado de Jesús: servir.

Un reinado fuera de este mundo

El Evangelio de Juan también nos explica que el reinado de Jesús no trató de ser servido, sino de servir. En este caso, Juan nos dice que el reinado de Jesús no era de este mundo.

En Juan 18:33-36 leemos acerca de los momentos antes de Jesús ser crucificado:

> Pilato volvió a entrar en el pretorio; llamó entonces a Jesús, y le preguntó: «¿Eres tú el Rey de los judíos?» Jesús le respondió: «¿Dices tú esto por ti mismo, o te lo han dicho otros de mí?» Pilato le respondió: «¿Soy yo acaso judío? Tu nación, y los principales sacerdotes, te han puesto en mis manos. ¿Qué has hecho?» Respondió Jesús: «Mi reino no es de este mundo. Si mi reino fuera de este mundo, mis servidores lucharían para que yo no fuera entregado a los judíos. Pero mi reino no es de aquí.

Durante todo el ministerio de Jesús existió la expectativa de que Él sería el líder político que liberaría al pueblo judío de la esclavitud y opresión bajo las autoridades romanas. La entrada triunfal de Jesús en Jerusalén, recordada como los Domingos de Ramos, fue la recepción que el pueblo le hizo a Jesús afirmando su expectativa de que Él sería el mesías político que tanto esperaban.

Las palabras de la multitud en esa entrada triunfal fueron *Hosana*, que significa "sálvanos ahora". Cabe señalar que Jesús no fue el único en quien el pueblo puso sus ojos con la expectativa de que fuera su libertador político. La historia nos dice que desde el nacimiento de Jesús hasta el año 70 d.C., al menos ocho personas fueron vistas como mesías, y tuvieron su grupo de seguidores.

La diferencia primaria de Jesús con estos otros líderes es que ellos usaron la espada y la fuerza para derrocar a los romanos, y Jesús usó una cruz. Mientras los judíos esperaban que Jesús usara la fuerza y la espada para liberarles de los romanos, Jesús tenía otro plan. Mientras sanó a los enfermos y trajo libertad a los pobres, mujeres y niños, Jesús bendijo a los pobres en espíritu, los que lloran, los mansos, los que tienen hambre y sed de justicia, los misericordiosos, los de limpio corazón, los pacificadores y los perseguidos (Mateo 5:1-11). Les dijo que debían amar a sus enemigos, bendecir a los que los maldicen, hacer bien a los que los odian y orar por quienes les perseguían (Mateo 5:38-48). Todo esto mientras les modelaba que Él no había venido para ser servido, sino para servir. Quien quisiera ser el grande entre ellos debía ser su servidor (Mateo 20:20-28). No tengamos duda de que la razón principal por la cual no hubo una revolución violenta cuando Jesús fue arrestado fue porque el mensaje de Jesús no les había invitado a eso. Cuando Pedro lo intentó, Jesús mismo le invitó a guardar la espada (Juan 18:10-11).

Si Jesús predicó todo esto, ¿por qué tuvo que morir en una cruz? ¿Era necesaria realmente la crucifixión? ¿No había otra forma de cumplir con el plan de Dios de salvar a la humanidad? Desde la perspectiva de los judíos, Jesús murió en una cruz porque fue un rebelde político y una amenaza para ellos. Para Jesús, la crucifixión fue el medio de mostrarnos con acciones lo que Él mismo predicó durante su ministerio: quien quisiera ser grande entre ellos debía ser el servidor. En la cruz, Jesús nos enseñó con su propia vida que el reinado político que esperaban se trataba de guerra, espada y que otros murieran violentamente para que el líder tuviera vida, pero su reinado se trataba del líder que decidió morir, para que otros tuvieran vida. Jesús murió para enseñarnos que su reinado no era de este mundo, sino más bien un reino de servicio a los demás.

> *Jesús murió para enseñarnos que su reinado no era de este mundo, sino más bien un reino de servicio a los demás.*

Un reinado de Dios, no de nosotros

Cuando hablamos acerca de que el reinado de Jesús era de servicio a los demás, necesitamos entender lo que significa la palabra *reino*. Se menciona mucho esta palabra en el contexto cristiano, pero para hablar de poder, jerarquía y grandeza, y no de servicio. En particular, es importante entender cómo el *reino de Dios* trata de servir a los demás.

Cuando buscamos el significado de la palabra *reino* en el diccionario, la misma se refiere a una extensión de terreno definida que es administrada y gobernada. Sin embargo, en el griego del Nuevo Testamento (NT), reino viene de la palabra *basileía* que significa reinado, poder y autoridad. Desde la perspectiva bíblica, el reino de Dios es más que un lugar en específico; es la celebración de la intervención del poder de Dios sobre la humanidad. Samuel Pagán escribe:

Dios es el ser supremo del cosmos, la naturaleza y la historia, y que actúa en medio de la sociedad humana, para poner de manifiesto su voluntad, para revelar su gloria y majestad, y para demostrar su amor y misericordia.[2]

¿Qué nos dice la Biblia sobre el reino de Dios? Aunque en el Antiguo Testamento no se presenta la expresión "reino de Dios", se presenta a Dios como el Rey de Israel que reinará para siempre sobre el mundo y la humanidad: "¡Del Señor son la tierra y su plenitud! ¡Del Señor es el mundo y sus habitantes!" (Salmo 24:1). El AT habla también del reinado de Dios como algo presente y futuro. Presente, porque Dios ya es rey; futuro, porque esa manifestación de Dios vendrá mediante un Mesías. El AT está lleno de profecías o promesas de un reinado mesiánico, que vendrá y reinará sobre todo el mundo y juzgará a las naciones. Se presenta la idea de un Mesías que derrotará definitivamente los ejércitos de los enemigos.

Podemos definir el reino de Dios como la manifestación de Dios que transforma y restaura integralmente al ser humano.

Conectado con el Antiguo Testamento, el Nuevo Testamento presenta a Jesucristo como el cumplimiento de la profecía del Mesías, por lo que se presenta a Jesucristo como la manifestación del reino de Dios. Juan el Bautista, quién anunció la llegada de Jesús, comenzó su predicación afirmando que el reino de Dios se había acercado (Mateo 3:2). Sin embargo, no tenemos claro si Juan entendía bien el reinado que representaba Jesús. Quizás tenía la misma expectativa del resto de los discípulos, quienes esperaban que Jesús trajera un nuevo reinado político. Por tal razón, Mateo 11:1-19 y Lucas 7:18-35 nos presentan a Juan preguntándole a Jesús si Él era quién traería ese nuevo reinado político. Jesús le contesta que su reinado no tenía que ver con poder y autoridad para gobernar, sino con que "los ciegos ven, los cojos andan, los leprosos son limpiados, los sordos oyen, los muertos son resucitados, y a los pobres se les anuncian las buenas noticias" (Lucas 7:22).

Al estudiar su respuesta, podemos entender que el reinado de Jesús tenía que ver con la transformación física, emocional y espiritual de las personas. El propósito de su reinado era la restauración integral del ser humano y la renovación de las esperanzas de la gente, y no el gobernar políticamente un territorio en particular. Por tanto, según las palabras de Jesús, podemos definir el reino de Dios como la manifestación de Dios que transforma y restaura integralmente al ser humano.

Entonces, Jesús y su ministerio es el comienzo del reino de Dios. ¿Por qué el comienzo? Porque la manifestación plena y completa de Dios en el mundo no se dará hasta que Jesucristo regrese, en lo que llamamos la segunda venida de Cristo. Como cristianos/as creemos que Jesús regresará, y en ese momento la relación entre el ser humano y Dios será perfecta. Leemos en Apocalipsis 21:4:

> Dios enjugará las lágrimas de los ojos de ellos, y
> ya no habrá muerte, ni más llanto, ni lamento ni dolor;
> porque las primeras cosas habrán dejado de existir.

Al escuchar a Jesús, podemos entonces definir lo que es y lo que no es el reino de Dios.

1. El reino de Dios es futuro y presente.

El reino de Dios es el "ya, pero todavía no". Justo González[3] afirma que podemos comparar el reino de Dios con la experiencia que tiene un niño al recibir un regalo en Navidad. Desde días antes de recibir el regalo, el niño puede ver ese regalo debajo del árbol, y puede experimentar la alegría de saber que recibirá un regalo. Esa alegría no será la misma que tendrá cuando reciba el regalo; sin embargo, esa alegría es un anticipo de la alegría que sentirá luego. El reino de Dios es presente, porque Dios se manifiesta hoy, aquí y ahora en medio del mundo, sanando y transformando al ser humano. Sin embargo, esa sanidad y transformación será plena y completa cuando Cristo regrese. Uno de los errores más comunes al hablar del reino de Dios es hablar solo del futuro, y dejar a un lado que Dios quiere manifestarse hoy en medio del mundo, aunque esa manifestación no sea perfecta.

2. El reino de Dios se trata de servir, no de ser servidos.

La diferencia entre el reinado de Jesús y otros reinados políticos es que el reino de Dios gira alrededor de las necesidades de los demás, mientras que otros reinados políticos giran alrededor del interés propio. Uno de los errores más comunes al hablar del reino de Dios es el de girarlo alrededor de nuestras necesidades, y olvidarnos de las necesidades de los demás. Es muy común escuchar la siguiente frase en algunas iglesias: "Tu fe activará el reino de Dios". En el contexto en que se predica, es una invitación a creer para que Dios se manifieste en nuestras necesidades. Si bien es cierto que Dios quiere manifestarse en nuestra vida, el reino de Dios es una invitación a ser instrumentos de Dios en la vida de aquellos que sufren y tienen necesidad.

3. El reino de Dios es de Dios, no de nosotros.

El reino de Dios no es dirigido por humanos, sino por Dios. El reino de Dios no está en nuestras manos, sino en las de Dios, por lo que el reino de Dios no depende de nosotros. El reino de Dios se trata de lo que Dios quiere hacer en el mundo, y de cómo podemos unirnos a Dios para colaborar con Él. Dios se manifiesta como quiere, y cuando quiere. Si el reino de Dios dependiera de nosotros/as, sería el reino de la Iglesia, y no el reino de Dios.

4. El reino de Dios es un nuevo orden o gobierno, pero no es una invitación a que la iglesia gobierne el mundo.

En ocasiones malinterpretamos el rol que debe tener la iglesia para colaborar con Dios en la manifestación de su reino. Creemos que el gobierno mundial debe ser dirigido por cristianos, buscando hacer del reino de Dios un asunto político. Jesús claramente expresó al inicio, durante y al final de su ministerio, que su reinado no era político, sino de sanidad, salvación, paz y justicia.

El reino de Dios no busca gobernar un país o un pueblo. El reino de Dios es la fuerza que guía a los creyentes a seguir el modelo de Jesús, que se caracterizó por apoyar a la gente necesitada, liberar a las personas cautivas, restaurar a personas destruidas, levantar a personas caídas, y darle esperanza y voz a quienes la vida ha tratado de robárselas. La iglesia no está para gobernar, sino para colaborar con Dios en su deseo de salvar y sanar al mundo.

La historia nos da suficiente evidencia de lo desastroso que ha sido tener a la iglesia gobernando, porque el poder corrompe. Si no se trata de gobernar un país, ¿debe la iglesia involucrarse en asuntos políticos? Claro que sí, pero para influenciar y alzar su voz profética, no para gobernar.

Ciudadanos del reino de Dios

¿Qué debemos hacer los seguidores de Cristo para colaborar con Dios y ser instrumentos para la transformación y restauración integral del ser humano? La respuesta clara es ser ciudadanos del reino de Dios, personas que vivan según los valores del reino de Dios.

Al observar el ministerio de Jesús, vemos que los valores del reino de Dios son:

1. *el servicio* - "Porque ni siquiera el Hijo del Hombre vino para ser servido, sino para servir y para dar su vida en rescate por muchos" (Marcos 10:45),

2. *la justicia o equidad* - "Por lo tanto, busquen primeramente el reino de Dios y su justicia, y todas estas cosas les serán añadidas" (Mateo 6:33),

3. *la paz* - "Respondió Jesús: «Mi reino no es de este mundo. Si mi reino fuera de este mundo, mis servidores lucharían para que yo no fuera entregado a los judíos. Pero mi reino no es de aquí" (Juan 18:36),

4. *el consuelo* - "Bienaventurados los que lloran, porque ellos recibirán consolación" (Mateo 5:4),

5. *la obediencia* - "No todo el que me dice: "Señor, Señor", entrará en el reino de los cielos, sino el que hace la voluntad de mi Padre que está en los cielos" (Mateo 7:21),

6. *la dependencia* - "De cierto les digo, que si ustedes no cambian y se vuelven como niños, no

entrarán en el reino de los cielos" (Mateo 18:3),

7. *la inclusividad* - "Dejen que los niños se acerquen a mí. No se lo impidan, porque el reino de los cielos es de los que son como ellos" (Mateo 19:14),

8. *la **generosidad*** - "De cierto les digo que difícilmente entrará un rico en el reino de los cielos" (Mateo 19:23) y

9. *la autenticidad* - "Pero ¡ay de ustedes, escribas y fariseos, hipócritas! Porque le niegan a la gente la entrada al reino de los cielos, y ni ustedes entran, ni tampoco dejan entrar a los que quieren hacerlo" (Mateo 23:13); entre otros.

Ser ciudadanos del reino de Dios es reconocer que nuestra ciudadanía es del reino de Dios, tanto en el presente como en el futuro. Esto es parecido a cuando nos vamos de viaje, lo que conlleva que hagamos preparativos para el mismo: maletas, medicinas, pasajes, alojamiento, entre otras cosas. Si cuando Cristo regrese nos vamos a ir con Él, hay que hacer preparativos desde ahora. ¿Cuál es el mayor preparativo? Decirle a Dios como dijo Jesús en Mateo 6:10: "Venga tu reino. Hágase tu voluntad en la tierra como en el cielo". Como pueblo de Dios, damos anticipos aquí y ahora de ese nuevo orden de Dios que llegará en el futuro. Esos anticipos se hacen reales cuando vivimos los valores del reino de Dios, y somos instrumentos de Dios para la transformación y restauración integral del ser humano.

¿Cómo podemos ser instrumentos de Dios para manifestar su poder aquí y ahora? Mateo 25:35-40 dice:

Porque tuve hambre, y ustedes me dieron de comer; tuve sed, y me dieron de beber; fui forastero, y me recibieron; estuve desnudo, y me cubrieron; estuve enfermo, y me visitaron; estuve en la cárcel, y vinieron a visitarme." Entonces los justos le preguntarán: "Señor, ¿cuándo te vimos con hambre, y te dimos de comer; o con sed, y te dimos de beber? ¿Y cuándo te vimos forastero, y te recibimos; o desnudo, y te cubrimos? ¿Cuándo te vimos enfermo, o en la cárcel, y te visitamos?"

Y el Rey les responderá: "De cierto les digo que todo lo que hicieron por uno de mis hermanos más pequeños, por mí lo hicieron.

Ser ciudadanos del reino es colaborar con Dios siendo instrumentos suyos para que su poder se manifieste en medio de quienes sufren. La respuesta a las oraciones de muchas personas puede llegar por medio de nosotros. La esperanza tiene manos: las nuestras.

La esperanza tiene manos: las nuestras.

Consejos para hacer del servicio un estilo de vida

Luego de conocer un trasfondo bíblica y teológicamente saludable acerca del servicio, ¿qué hacemos? Dios quiere cambiar nuestra forma de pensar y actuar de manera que nuestra vida no gire alrededor de nosotros, sino de Dios y de los demás. Recordemos lo que nos dice Proverbios 3:27-28:

No te niegues a hacer los favores debidos,
cuando en tu mano esté el hacerlos.
Si hoy puedes ayudar a tu prójimo,
no pospongas la ayuda para mañana.

Dios desea que el servicio sea nuestro estilo de vida. ¿Cómo logramos esto? A continuación les presento siete consejos que nos ayudarán a hacer del servicio un estilo de vida.

Consejo 1: Procura el balance, ama a Dios y ama al prójimo

Una de las experiencias más hermosas de la vida cristiana es encontrarnos con Cristo por medio de la adoración congregacional. Un par de horas a la semana congregados para adorar al Señor pueden transformar una semana completa. Al adorar recordamos nuestra identidad como hijos e hijas de Dios. Sin embargo, participar del culto es necesario para nuestra vida espiritual, pero no es suficiente para vivir como ciudadanos del reino de Dios.

Dios no solo espera de nosotros una profunda relación con Él, sino una profunda relación con nuestro prójimo. Miqueas nos enseña que de nuestra relación con Dios debe partir una vida de justicia y misericordia hacia el prójimo cuando dijo:

> ¡Hombre! El Señor te ha dado a conocer lo que es bueno, y lo que él espera de ti, y que no es otra cosa que hacer justicia, amar la misericordia, y humillarte ante tu Dios (Miqueas 6:8).

Este libro del profeta Miqueas parece haber sido escrito alrededor del año 743 a.C., época en que Israel estuvo bajo la autoridad de Asiria. Se piensa que Miqueas fue escrito por dos autores, y que el contexto en que ambos escriben tiene algunas diferencias. Lo que sí podemos ver con claridad es que Miqueas es un profeta de juicio contra los gobernantes políticos y religiosos del pueblo, debido a la corrupción y abuso de poder. Miqueas truena contra quienes explotan y sacan provecho de los más débiles. El libro trata el tema de la justicia social, y arremete contra los políticos y sus sobornos, contra los falsos profetas que adivinan a cambio de dinero, contra los administradores injustos, contra los mercaderes que acumulan riquezas a costa de los más débiles, entre otros.

En el capítulo 6 se presenta un diálogo entre Israel y Jehová, en el cual Jehová le contesta al pueblo qué es lo que realmente quería de ellos. Esta estructura de diálogo entre el pueblo y Jehová era una fórmula utilizada en otros momentos para entrar al templo y comenzar un momento de liturgia o adoración. Algunos ejemplos que se presentan en las Escrituras son: "Señor, ¿quién puede vivir en tu templo? ¿Quién puede habitar en tu santo monte? El que vive rectamente y practica la justicia, el que es sincero consigo mismo..." (Salmo 15) y "¿Quién merece subir al monte del Señor? ¿Quién merece llegar a su santuario? Sólo quien tiene limpias las manos y puro el corazón..." (Salmo 24).

En esta ocasión, el diálogo presenta lo que Dios ha hecho con su pueblo, y que a raíz de la manifestación de Dios en el pueblo, el mismo debe responder a Jehová. Los versículos 4 y 5 dicen:

> Es un hecho que yo te saqué de la tierra de Egipto; que te libré de la casa de servidumbre, y que delante de ti envié a Moisés, a Aarón y a María. Acuérdate ahora, pueblo mío, de los planes que urdía Balac, rey de Moab, y de cómo respondió Balaam hijo de Beor. Yo los traje desde Sitín hasta Gilgal, para que reconozcan cuántas veces yo, el Señor, los he salvado.

Ante la manifestación de Dios, Israel pregunta:

¿Con qué me presentaré ante el Señor? ¿Cómo adoraré al Dios Altísimo? ¿Debo presentarme ante él con holocaustos, o con becerros de un año? ¿Le agradará al Señor recibir millares de carneros, o diez mil ríos de aceite? ¿Debo darle mi primogénito a cambio de mi rebelión? ¿Le daré el fruto de mis entrañas por los pecados que he cometido?.

Jehová entonces le contesta lo que quiere de su pueblo:

¡Hombre! El Señor te ha dado a conocer lo que es bueno, y lo que Él espera de ti, y que no es otra cosa que hacer justicia, amar la misericordia, y humillarte ante tu Dios.

Para entender la respuesta de Jehová es importante entender el contexto del pueblo. El pueblo vivía la corrupción política y religiosa. Los poderosos explotaban a los débiles, pero la corrupción existía también en los religiosos. Ante ese escenario, Jehová no estaba preocupado por su adoración, su liturgia o sus rituales en el templo. Jehová no tenía problema con eso, y no lo condena. Sin embargo, para Jehová era incompatible que hubiera tanta adoración y ritual en el templo, mientras había explotación y abuso de poder contra los campesinos y pobres. Ante esa realidad, Jehová le dice que no es suficiente el culto; es necesaria la justicia y la misericordia. El culto y los rituales en el templo no sustituían la compasión, misericordia y justicia que se debía tener hacia los demás, de la misma forma en que Jehová había sido compasivo, misericordioso y justo con ellos como pueblo.

Al leer otras versiones del versículo 8, podemos entender mejor lo que Dios quería de su pueblo:

¡No! Oh pueblo, el Señor te ha dicho lo que es bueno, y lo que Él exige de ti: que hagas lo que es correcto, que ames la compasión y que camines humildemente con tu Dios (NTV);

¡Ya se te ha declarado lo que es bueno! Ya se te ha dicho lo que de ti espera el Señor: Practicar la justicia, amar la misericordia, y humillarte ante tu Dios (NVI).

¿Qué Dios esperaba de su pueblo? Justicia, misericordia y humildad ante Dios.

Empleando las palabras de Luis Alonso Schokel, Miqueas nos enseña que "el culto y los sacrificios del templo, si no se traducen en justicia social, están vacíos de sentido".[4] La relación con Dios es central, fundamental y necesaria para nuestra vida espiritual. Nada puede sustituir esa relación. Sin embargo, de esa relación con Dios debe partir una vida de justicia, misericordia y humildad ante Dios. Al relacionarnos con Dios, el Espíritu Santo nos debe llevar a ser más como Dios: compasivos y misericordiosos. Miqueas nos enseña lo mismo que Jesús nos enseñó cuando dijo: "Amarás al Señor tu Dios con todo tu corazón, y con toda tu alma, y con toda tu mente...y a tu prójimo como a ti mismo" (Mateo 22:37).

Miqueas nos recuerda que la vida cristiana tiene dos dimensiones principales: primero, la interna, privada e individual, caracterizada por una relación profunda con Dios; y segundo, la externa, pública y social, caracterizada por una relación profunda con el prójimo.

Para Miqueas, ninguna dimensión es más importante que la otra, y es incorrecto dar prioridad a una sobre la otra. Además, nos recuerda la tentación que tenemos al participar de una experiencia religiosa cristiana, de inclinarnos más hacia lo interno, privado e individual, y subestimar lo externo, público y social del evangelio de Cristo. Las palabras de Miqueas son una invitación al balance.

En la teología cristiana, Juan Wesley es muy estudiado por vivir y promover un evangelio balanceado, o de centro. Tomando como punto de partida a Jesús, Wesley dio énfasis a la importancia de una relación profunda con Dios, pero también a lo que llamamos la justicia social. Al igual que Miqueas, él entendió la tentación de los cristianos de inclinarnos más hacia lo interno, privado e individual, y subestimar lo externo, público y social del evangelio de Cristo. Aunque fue un gran promotor de las disciplinas espirituales, o sea, los medios de gracia que nos conectan con Dios, Wesley es

El cristianismo es esencialmente una religión social, y tratar de hacerlo solitario es destruirlo.

recordado por afirmar que el cristianismo es una religión social. A continuación, varias citas de Wesley muy importantes en cuanto al cristianismo como religión social:[5]

"El cristianismo es esencialmente una religión social, y tratar de hacerlo solitario es destruirlo."

"Es imposible tratar de ocultar nuestra religión para no ser vista, a no ser que la desechemos. ¡Así de vana es la idea de esconder la luz, a no ser que la apaguemos! Por cierto, una religión secreta e inobservable no puede ser la religión de Jesucristo. Cualquier religión que pueda ser ocultada no es el cristianismo. Si un cristiano pudiera ocultarse, no se le podría comparar con "una ciudad asentada sobre un monte"; con "la luz del mundo", el sol que alumbra en los cielos y es visto por todo el mundo."

"No obstante, tal retiro (dimensión privada) no debe absorber todo nuestro tiempo; pues ello sería destruir y no fomentar la religión verdadera. Porque la religión descrita por nuestro Señor en las palabras antecedentes no puede subsistir sin la sociedad, sin que vivamos y conversemos con otros seres humanos, de lo que se deduce que varias de sus consecuencias esenciales no tendrían cabida si no tenemos relación con el mundo."

Juan Wesley invitó a los metodistas a que desarrollaran un balance en su vida espiritual, y dedicaran tiempo a las obras de piedad, es decir, la dimensión interna, privada e individual, y a las obras de misericordia, o sea, la dimensión externa, pública y social.
Las obras de piedad son:

- la oración,
- el estudio de las Escrituras,
- la Santa Cena,
- el ayuno,
- el culto de adoración y
- una vida saludable.

Las obras de misericordia son las enfocadas a hacer el bien a los demás, tales como:

- visitar a los enfermos y encarcelados,
- vestir y alimentar a los necesitados,
- la generosidad,
- el oponerse a cualquier tipo de explotación humana y
- el servicio a la comunidad.

Tanto la obras de piedad como las de misericordia tienen sus retos. En el caso de las obras de misericordia, estas tienen unos retos particulares que pudiéramos llamar obstáculos.

Un *primer obstáculo* es la falta de conocimiento sobre la doctrina cristiana, que resulta en un sobre énfasis a las obras de piedad, y a descuidar las obras de misericordia. El cristianismo es claro en sus planteamientos sobre el servicio a los demás.

Un *segundo obstáculo* es nuestra comodidad y egoísmo. Las obras de misericordia conllevan esfuerzo e inversión de tiempo, energías y dinero en suplir necesidades de otros; inversión que en ocasiones no queremos hacer.

Por último, *un tercer obstáculo* es nuestra creencia de que las personas a quienes servimos no se lo merecen. En ocasiones los seres humanos juzgamos y creemos que la gente vive lo que se merece, y deben sufrir por decisiones que han tomado.

Este juicio hacia los demás obstaculiza la empatía, compasión y misericordia. Mateo 5:38-42 dice:

> Ustedes han oído que fue dicho: "Ojo por ojo, y diente por diente." Pero yo les digo: No resistan al que es malo, sino que a cualquiera que te hiera en la mejilla derecha, preséntale también la otra; al que quiera provocarte a pleito para quitarte la túnica, déjale también la capa; y a cualquiera que te obligue a llevar carga por una milla, ve con él dos. Al que te pida, dale, y al que quiera tomar de ti prestado, no se lo rehúses.

No servimos porque la gente lo merezca, sino para imitar a Jesús que nos sirvió aunque no lo merecíamos.

¿Cómo superamos estos obstáculos? Haciéndonos las siguientes preguntas: ¿Qué espera Dios de mí? ¿Qué espera

> *No servimos porque la gente lo merezca, sino para imitar a Jesús que nos sirvió aunque no lo merecíamos.*

Dios de nosotros? Un balance entre el culto (adoración y templo) y la justicia (misericordia y humildad ante Dios). Es su deseo que seamos instrumentos suyos hoy para manifestar su poder en medio de quienes sufren; que seamos las manos de la esperanza; que de nuestra relación con Dios fluya una vida caracterizada por el servicio a los demás.

Al igual que otros, yo lucho con la comodidad y el egoísmo. En muchas ocasiones tiendo a inclinarme más hacia lo interno, privado e individual, y subestimar lo externo, público y social del evangelio de Cristo. Sin embargo, por la gracia y misericordia de Dios, poco a poco he entendido lo trascendental, que es el servicio a los demás.

Menciono la palabra *trascendental* porque estoy llegando a entender más claramente que tener trascendencia en el mundo requiere un estilo de vida de servicio. Mi vida no puede ser vivida solo para mí mismo; Dios quiere que sea un instrumento de bendición para otras personas. He descubierto que mi vida tiene sentido cuando permito que Dios me use para ser la respuesta a la oración de otras personas.

En ocasiones perdemos de perspectiva que la forma en que Dios se mueve en el mundo es cuando personas como tú y como yo permitimos que Dios nos use. En la mayoría de las ocasiones Dios responde mis oraciones por medio de personas que entendieron que no era suficiente adorar a Dios en el culto, sino que debían responder al llamado de Dios para servir a los demás.

En múltiples ocasiones he recibido llamadas o visitas a mi oficina pastoral de personas que han sentido orar por mí. Al recibir sus llamadas o visitas, soy bendecido y recibo nuevas fuerzas para continuar con el llamado pastoral que he recibido. Estas llamadas y visitas han llegado como un regalo de Dios, y me recuerdan que no estoy solo, y que Él me sostiene cuando más débil me siento. Agradezco a estas personas por su servicio e impacto positivo en mi vida.

De la misma forma en que en ocasiones me siento triste,

> *Mi vida tiene sentido cuando permito que Dios me use para ser la respuesta a la oración de otras personas.*

débil o cansado, a nuestro alrededor hay personas experimentando el dolor, la tristeza y la pérdida, entre otras cosas. La vida es compleja, y el mundo en ocasiones es injusto. No podemos girar nuestra vida alrededor de nosotros mismos, sino de Jesús y sus enseñanzas. Las obras de misericordia deben ser parte de nuestro estilo de vida, de tal manera que podamos ser instrumentos para transformar el dolor en consuelo, la tristeza en alegría y la pérdida en sanidad.

Una de las razones por las cuales en ocasiones los cristianos nos inclinamos más hacia lo interno, lo privado, es porque las canciones e himnos que cantamos en nuestras iglesias en su mayoría van dirigidas hacia esa dimensión del evangelio. No puedo afirmar esto con investigaciones o datos empíricos, pero mi percepción es que los himnos que nos invitan hacia el servicio han ido desapareciendo. Sin embargo, no podemos olvidarnos de cantar himnos que nos inviten a la acción y justicia social. Sin estos himnos nuestros cultos se pueden convertir en espacios sin trascendencia: espacios que no nos inspiran a servir a los demás.

La adoración en nuestros cultos no es solo un fin; es también un medio. Es un fin porque por medio de ella nos encontramos con Dios y somos transformados por su gracia. Ese encuentro con Dios es también un medio, porque nos prepara para ser instrumentos de Dios para transformar la vida de otras personas.

Dos himnos muy hermosos que me recuerdan el lado externo, público y social del evangelio de Cristo son los siguientes:

Tú necesitas mis manos
mi cansancio que a otros descanse
amor que quiera seguir amando
Señor me has mirado a los ojos
Sonriendo has dicho mi nombre
En la arena he dejado mi barca
Junto a ti buscaré otro mar
- Pescador de hombres (MVC* #195)

Enviado soy de Dios mi mano lista está
para construir con Él un mundo fraternal
Los ángeles no son llamados a cambiar
un mundo de dolor por un mundo de paz
me ha tocado a mí hacerlo realidad
ayúdame Señor hacer tu voluntad
- Enviado soy de Dios (MVC**#307)

Consejo 2: Conoce tus talentos y dones espirituales

Para servir a los demás es necesario identificar cómo podemos hacerlo mejor. Cada creyente tiene talentos y dones espirituales que debe ejercer para colaborar con Dios en su deseo de transformar y restaurar todo lo creado.

Cuando hablamos de talentos, nos referimos a las capacidades que Dios nos ha dado para hacer algo bien. Podemos descubrir nuestros talentos cuando completamos la siguiente frase: "Soy naturalmente bueno haciendo esto: _____". Talentos son habilidades que nos distinguen y nos permiten hacer algo con excelencia. Podemos tener talentos para cocinar, hablar, bailar, escribir, jugar fútbol, administrar un negocio, entre otras cosas.

Lo particular de los talentos es que pueden o no ser dedicados para construir el reino de Dios. Los talentos están bajo nuestro control, y nosotros decidimos si los usamos para servir a los demás. Por ejemplo, en la NBA (National Basketball Association) hay aproximadamente 450 jugadores. Cada uno de ellos tiene un talento extraordinario para jugar baloncesto. Ahora bien, hay quienes usan sus talentos no solo para entretener, sino también para servir a los más necesitados.

Un caso muy conocido es el de Dikembe Mutombo; miembro del salón de la fama de la NBA. Mutombo, quien es original de África, ha desarrollado una fundación para crear hospitales y escuelas en su ciudad natal en la República Democrática del Congo. Mutombo decidió usar su talento para crear mejores condiciones de vida

> *Talentos son habilidades que nos distinguen y nos permiten hacer algo con excelencia.*

* Himnario Metodista Mil Voces para Celebrar

para su gente en África. En una entrevista acerca de su labor comunitaria, Mutombo dijo lo siguiente: "Existe un proverbio en África: Cuando tomas un elevador para ir hacia arriba, siempre tienes que recordar enviarlo de regreso hacia abajo. Ésta es mi forma de enviarlo de regreso hacia abajo".

Es importante recordar que los talentos son diferentes a los dones espirituales. En 1 Corintios 12:4-11 Pablo escribe:

> Ahora bien, hay diversidad de dones, pero el Espíritu es el mismo. Hay diversidad de ministerios, pero el Señor es el mismo. Hay diversidad de actividades, pero Dios, que hace todo en todos, es el mismo. Pero la manifestación del Espíritu le es dada a cada uno para provecho. A uno el Espíritu le da palabra de sabiduría; a otro, el mismo Espíritu le da palabra de ciencia; a otro, el mismo Espíritu le da fe; y a otro, dones de sanidades; a otro más, el don de hacer milagros; a otro, el don de profecía; a otro, el don de discernir los espíritus; a otro, el don de diversos géneros de lenguas; y a otro, el don de interpretar lenguas; pero todo esto lo hace uno y el mismo Espíritu, que reparte a cada uno en particular, según su voluntad.

A diferencia de los talentos, los dones espirituales son capacidades que Dios otorga a quienes creen en Jesús como Señor. Estos regalos del Espíritu Santo siempre operan bajo la dirección del Espíritu Santo para equipar a la iglesia en su misión de transformar todo lo creado. Toda persona que cree en Jesús es parte del cuerpo de Cristo, y ha recibido al menos un don de parte de Dios. Adicional a todos los talentos individuales que cada uno de nosotros pueda tener, tenemos al menos una capacidad especial que fue dada por Dios para utilizarla en el cuerpo de Cristo.

En la Biblia encontramos listas de los dones espirituales en 1 Corintios 12:4-11; Romanos 12:6-8,27-31; y Efesios 4:11-12. A continuación daré una breve explicación de cada uno, pero en mi página web www.erichernandezlopez.com podrás encontrar más recursos sobre los dones espirituales, incluyendo una autoevaluación para conocer cuál es tu don espiritual.

1. **Administrar**: capacidad para organizar los recursos disponibles, planificar, delegar y evaluar la efectividad de algún proyecto.

2. **Fe**: capacidad para mantenerse firme ante una crisis e inspirar a los demás a creer.

3. **Servicio**: capacidad para velar por las necesidades de otros en lugar de las propias necesidades; poner la fe en acción; amor hacia el mundo.

4. **Sanidad**: capacidad para canalizar los poderes sanadores de Dios.

5. **Apostolado**: capacidad para proclamar el evangelio a otras culturas en la función de misioneros.

6. **Discernimiento**: capacidad para reconocer lo bueno y lo malo, y conocer la voluntad de Dios.

7. **Pastorear**: capacidad para guiar, alimentar a los cristianos en la fe, ser mentores, y compartir su jornada para facilitar el crecimiento de otros.

8. **Liderar**: capacidad para armonizar los dones y recursos de otros para lograr la misión de la iglesia, y mover a la iglesia hacia una visión dada por Dios.

9. **Dar**: capacidad para usar sus recursos para aportar al reino de Dios.

10. **Conocimiento**: capacidad para conocer la verdad a través del estudio y desafiar a la congregación a mejorarse.

11. **Profecía**: capacidad para hablar la Palabra de Dios clara y fielmente.

12. **Enseñar**: capacidad para traer verdades espirituales a otros de forma sencilla.

13. **Evangelizar**: capacidad para compartir el evangelio e invitar a la gente a Cristo.

14. **Ayudar**: capacidad para ser héroes anónimos que trabajan para que todo fluya bien.

15. **Misericordia**: capacidad para empatizar con los necesitados y ofrecer ayuda.

16. **Sabiduría**: capacidad para traducir la experiencia

de vida en verdad espiritual y ver su aplicación al diario vivir.

17. **Milagros**: capacidad para invocar el poder de Dios para que obre en la gente.

18. **Exhortar**: capacidad para animar a la congregación y afirmar las capacidades de la gente.

19. **Lenguas**: capacidad para comunicar el evangelio a gente extranjera y hablar en un lenguaje secreto y desconocido.

20. **Interpretar lenguas**: capacidad para interpretar lenguas extrañas.

Cada uno de nosotros tiene al menos uno de esos dones, porque el Espíritu se lo otorgó al creer en Jesús. ¿Cómo descubrimos cuál es nuestro don o nuestros dones?

1) *Creyendo* en Jesús y en la obra del Espíritu Santo que otorga dones.

2) *Pidiendo dirección* a Dios por medio de la oración y el estudio de la Biblia.

3) *Buscando asesoría en la comunidad*; esto incluye asesoría pastoral, conociendo la iglesia y las oportunidades que tenemos para servir en ella, y solicitando a la iglesia que nos confirme cuáles son nuestros dones.

4) *Autoevaluándonos*; esto incluye experimentar en diferentes ministerios, evaluar el resultado de nuestras participaciones, completar autoevaluaciones escritas y pensar en aquello que nos apasiona y causa alegría.

¿Cuál es el llamado que nos hace la Biblia al identificar nuestros talentos y dones espirituales? El apóstol Pedro nos escribe: "Ponga cada uno al servicio de los demás el don que haya recibido, y sea un buen administrador de la gracia de Dios en sus diferentes manifestaciones" (1 Pedro 4:10). En otras palabras, nuestros talentos y dones espirituales deben dedicarse para servir y hacer la diferencia en la vida de otras personas.

¿Cuáles son tus talentos? ¿En qué eres bueno? ¿Cómo

puedes poner tus talentos al servicio de los demás? ¿Cuál es tu don espiritual? ¿Cómo puedes poner en práctica tu don espiritual para colaborar con el reino de Dios?

Descubrir nuestros talentos y dones es un proceso, no siempre ocurre en un instante. A muchos de nosotros nos ha tomado tiempo descubrir en qué somos buenos y cómo hemos sido capacitados por el Espíritu Santo para colaborar con el reino de Dios.

En mi caso, a la edad de catorce años fui invitado por mi prima, la coordinadora de la sociedad de jóvenes en aquella época, para ofrecer una reflexión al grupo de jóvenes. Nunca lo había hecho antes, pero acepté el reto. Esa reflexión duró poco menos de cinco minutos, y realmente no puedo decir si fue buena o no; quizás nunca lo sabré. Lo importante es que por primera vez en mi vida utilicé mi don de predicar y enseñar. En ese momento no sabía que iba a ser pastor, pero Dios ya había puesto en mí esas capacidades.

Al año siguiente, el pastor de mi iglesia me pidió que ofreciera una reflexión un domingo en la mañana. Tampoco había predicado antes delante de la congregación, pero acepté el reto. Luego de esa predicación, varias personas de la congregación fueron afirmándome que tenía las capacidades para predicar y enseñar. Esto fue dándome confianza y comencé a aceptar varias oportunidades de predicar dentro y fuera de mi iglesia local. Al cabo de unos años recibí el llamado pastoral, y las experiencias de predicar que había tenido hasta ese momento fueron clave a la hora de reconocer que Dios me había dado el don de pastorear y enseñar.

> *Descubrir nuestros talentos y dones es un proceso, no siempre ocurre en un instante.*

Luego de haber aceptado el llamado a ser pastor, continué teniendo otras experiencias de liderato dentro y fuera de la iglesia que se complementaron con las experiencias relacionadas con predicar y enseñar. Me di cuenta que me gustaba trabajar con grupos de personas y brindar apoyo y cuidado a los seres humanos en necesidad. Estas experiencias me hicieron cambiar mi concentración académica durante mi primer año de universidad. Había comenzado a estudiar ingeniería eléctrica, pero al cabo de un año entendí que mis talentos y dones espirituales debían estar dirigidos al ministerio pastoral, por lo que decidí estudiar psicología y abandonar una carrera en ingeniería.

Luego de prepararme en el área de psicología, tanto a nivel de bachillerato como de maestría, comencé mis estudios en el Seminario Evangélico de Puerto Rico y fui invitado a comenzar el ministerio pastoral dentro de la Iglesia Metodista de Puerto Rico. Esto fue un proceso que, para mí, duró aproximadamente diez años.

Hasta el día de hoy, sigo descubriendo nuevos talentos y capacidades que Dios me ha dado. Por ejemplo, luego de comenzar mi ministerio pastoral comencé a escribir mis predicaciones. Muchas de ellas han sido publicadas en Internet por medio de las páginas web de las iglesias que he pastoreado. Sin embargo, desde hace un par de años he sentido una pasión muy fuerte por escribir libros. He descubierto que escribir libros puede ser una forma de edificar la iglesia y construir el reino de Dios. Para mí, ¡este libro es un primer esfuerzo en esa dirección!

A nivel de la iglesia local que pastoreo, hemos desarrollado dos instrumentos para ayudar a las personas a identificar sus talentos y servir. Hemos desarrollado un instrumento, Autoevaluación de dones espirituales, para que las personas identifiquen sus dones espirituales. También hemos desarrollado un cuestionario, Hoja de servicio Ubícate, en la que las personas indican en qué ministerio de la iglesia les gustaría servir. Usualmente utilizamos un domingo al año, Día del Laicado, para repartir ambos instrumentos. Ambos son utilizados por el equipo de Desarrollo de Liderazgo y Nominaciones de nuestra iglesia para ubicar a las personas en áreas de servicio. En los recursos de apoyo se encuentran ejemplos de estos documentos.

Consejo 3: Trabaja en equipo y sin jerarquías

Soy fanático del baloncesto. Al igual que otros deportes, el baloncesto se juega en equipo. Cada uno de los cinco jugadores aporta para que el equipo pueda alcanzar su meta de encestar el balón y defender al equipo contrario para que no lo logre. Para que el equipo gane el juego es necesario que los cinco jugadores hagan su trabajo. Cuando Michael Jordan ganó dos de sus campeonatos, fueron dos de sus compañeros de equipo, Steve Kerr y John Paxson, quienes encestaron los canastos que le dieron el campeonato. Sin sus compañeros de equipo, Jordan no hubiera ganado esos campeonatos.

En Romanos 12:4-8 se nos explica precisamente cómo el cuerpo de Cristo debe funcionar como un equipo al ejercer los dones espirituales. Para entender mejor este texto, es importante conocer el contexto en que se escribe.

Roma era una ciudad muy importante, era el corazón del imperio. En esta importante ciudad se estaba desarrollando una iglesia compuesta en su mayoría por gentiles, personas no judías convertidas al cristianismo. Esto llevó a Pablo a desarrollar una carta que incluía una serie de explicaciones de lo que era la salvación y el amor incondicional de Dios. Pablo quería enseñar a esta comunidad cristiana lo que significaba la nueva vida en Cristo y la salvación por medio de la fe en Jesucristo. En esta carta, uno de los énfasis principales de Pablo es la gracia de Dios que nos llama, salva y transforma.

En el capítulo 12, Pablo se refiere a esta gracia transformadora de Jesús. Para Pablo, esta gracia transformadora, o santificadora en el lenguaje de Juan Wesley, es la que lleva al nuevo creyente a un nuevo estilo de vida. Este nuevo estilo de vida es producto de la gracia de Dios que cambia tanto la manera de pensar como la manera de actuar. Los versículos 1-2 son precisamente esa invitación que le hace Pablo a los Romanos de permitirle a la gracia de Dios que les transformara su mente, y por consiguiente, su estilo de vida:

> Así que, hermanos, yo les ruego, por las misericordias de Dios, que se presenten ustedes mismos como un sacrificio vivo, santo y agradable a Dios. ¡Así es como se debe adorar a Dios! Y no adopten las costumbres de este mundo, sino transfórmense por medio de la renovación de su mente, para que comprueben cuál es la voluntad de Dios, lo que es bueno, agradable y perfecto.

Para Pablo, la nueva vida es un proceso de transformación, en el cual se dejan las costumbres del mundo, y se adoptan aquellas que son acorde a la voluntad de Dios.

¿Por qué era necesario explicar lo que conllevaba la nueva

vida? Por dos razones: Primero, la iglesia era compuesta por personas nuevas en el evangelio; segundo, por el contexto en que vivía esta nueva iglesia en Roma. Roma era una ciudad internacional, caracterizada por la diversidad cultural. Como consecuencia, la nueva iglesia que se estaba desarrollando en Roma era de gentiles (no judíos) provenientes de diversas nacionalidades y culturas. En la sociedad en que vivían los romanos, la diversidad provocaba división, desprecio, orgullo, racismo, entre otras cosas. Las diferencias no unían a la gente, sino que las separaban.

Estas diferencias hacían pensar que había personas mejores y superiores a los demás. Podemos añadir también el hecho de que al haber personas superiores y mejores, los inferiores se encargaban de servir a los superiores. La nueva vida en Cristo, con su nueva mentalidad y nueva conducta, traía el reto de dejar estas costumbres contrarias al evangelio de Jesús. En el cuerpo de Cristo ya no había superiores, ni mejores, sino que todos eran importantes. En la iglesia de Cristo todos tenían una función especial y los superiores no eran servidos por los inferiores; sino que todos se servían unos a otros según las capacidades que cada cual tuviera. Pablo les explica esto en los versículos 3 al 8:

> *La nueva vida es un proceso de transformación, en el cual se dejan las costumbres del mundo, y se adoptan aquellas que son acorde a la voluntad de Dios.*

Por la gracia que me es dada, digo a cada uno de ustedes que no tenga más alto concepto de sí que el que debe tener, sino que piense de sí con sensatez, según la medida de fe que Dios repartió a cada uno. Porque así como en un cuerpo hay muchos miembros, y no todos los miembros tienen la misma función, así también nosotros, aunque somos muchos, formamos un solo cuerpo en Cristo, y cada miembro está unido a los demás. Ya que tenemos diferentes dones, según la gracia que nos ha sido dada, si tenemos el don de profecía, usémoslo conforme a la medida de la fe. Si tenemos el don de servicio, sirvamos; si tenemos el don de la enseñanza, enseñemos; si tenemos el don de exhortación, exhortemos; si debemos repartir, hagámoslo con generosidad; si nos toca presidir, hagámoslo con solicitud; si debemos brindar ayuda, hagámoslo con alegría.

Pablo quería que entendieran que si en el mundo las diferencias los dividían, bajo la nueva vida la diversidad los unía. En el cuerpo de Cristo, la diversidad, más que un obstáculo, es una oportunidad para servir, valorar y emplear capacidades individuales para complementarse unos a otros en equipo.

Esta exhortación que Pablo le hace a los romanos es muy parecida a la que le hace a los corintios, donde también conflictos internos estaban dividiendo a la iglesia. En aquella ocasión Pablo les dijo:

Porque así como el cuerpo es uno solo, y tiene muchos miembros, pero todos ellos, siendo muchos, conforman un solo cuerpo, así también Cristo es uno solo. Por un solo Espíritu todos fuimos bautizados en un solo cuerpo, tanto los judíos como los no judíos, lo mismo los esclavos que los libres, y a todos se nos dio a beber de un mismo Espíritu. Además, el cuerpo no está constituido por un solo miembro, sino por muchos... En realidad, los miembros del cuerpo que parecen ser los más débiles, son los más necesarios (1 Corintios 12:12-14, 22).

Pablo les invita a manejar bien la diversidad y a no depender de ciertas personas como las superiores, sino a valorar a cada miembro del cuerpo como importante.

¿Cómo la iglesia de Roma podía lograr esto? Practicando el amor. Los versículos 9 al 13 nos dicen:

Nuestro amor debe ser sincero. Aborrezcamos lo malo y sigamos lo bueno. Amémonos unos a otros con amor fraternal; respetemos y mostremos deferencia hacia los demás. Si algo demanda diligencia, no seamos perezosos; sirvamos al Señor con espíritu ferviente. Gocémonos en la esperanza, soportemos el sufrimiento, seamos constantes en la oración. Ayudemos a los hermanos necesitados. Practiquemos la hospitalidad.

El amor era el pegamento que los llevaría a la unidad. El amor les llevaría a respetar y valorar la capacidad especial que Dios le había dado a cada cual. Mejor aún, el amor les llevaría a unirse a las demás personas, reconociendo que juntos podían formar un equipo, en el cual todos se complementaban unos a otros, y nadie era superior.

¿Qué podemos aprender de esta carta de Pablo a los romanos? *En primer lugar, la iglesia es el equipo de Cristo*. Este equipo funciona bajo el modelo de Cristo, quien es la cabeza, en el cual todos somos importantes, porque a cada uno Dios le ha dado una capacidad especial. Bajo este modelo, una de las responsabilidades que tiene cada miembro del equipo es identificar, con la ayuda de los demás, cuál es aquella función especial que tiene. 1 Corintios 12:27 dice: "cada uno de ustedes es un miembro con una función particular". ¿Sabemos cuál es la función que tenemos en el equipo? Como ya he mencionado, una de las formas en que podemos reconocer esa función es experimentando y evaluando el resultado. Nunca sabrás cuál es tu capacidad especial hasta que pruebes.

En segundo lugar, en el equipo de Cristo no hay estrellas, sino siervos. En el equipo de Cristo la diversidad no es razón para la división, orgullo, superioridad o desprecio. La diversidad es una oportunidad para respetar y valorar la capacidad especial que cada cual tiene. Esto comienza con la figura pastoral, que es parte importante del cuerpo de Cristo, pero no es superior ni más importante que otros miembros. Es por esto que las iglesias nunca deben girar alrededor de la figura pastoral, sino del Espíritu Santo que equipa a cada creyente para construir el reino de Dios. En el cuerpo de Cristo no hay jerarquías ni posiciones; lo que existe son roles o funciones.

> *En el cuerpo de Cristo no hay jerarquías ni posiciones; lo que existe son roles o funciones.*

En tercer lugar, las capacidades especiales que

cada cual tiene solo funcionan en un contexto comunitario, no en aislamiento. En el equipo de Cristo no hay espacio para trabajar en soledad, sino en comunidad. Las capacidades especiales han sido diseñadas para complementarse con otras, no para funcionar de forma aislada. Servir a los demás y construir el reino por medio de nuestros talentos y dones espirituales es responsabilidad de todos. La misión de la iglesia no puede cumplirse mediante esfuerzos solitarios o por el esfuerzo de la figura pastoral o ciertos líderes, sino mediante el servicio de todos y todas. El pastor metodista Ralph W. Sockman en una ocasión dijo: "Hay partes de un barco que si están separadas se hundirían. El motor se hundiría, la hélice se hundiría. Pero cuando las partes de un barco se unen, flotan". [6]

El individualismo y las jerarquías son dos peligros muy grandes dentro de la iglesia. En particular, existe la tentación de girar nuestras iglesias alrededor de las figuras pastorales, promoviendo que los pastores funcionen como "jefes" dentro del cuerpo de Cristo. Sin querer restarle autoridad al ministerio pastoral, el único "jefe" de la iglesia es Cristo Jesús. La autoridad que tenemos los pastores es la de guiar, enseñar, motivar, liderar, administrar, acompañar, y sobre todo, modelar a Jesús con nuestra propia vida. Nuestro rol no puede ser definido según los modelos jerárquicos del mundo que establecen relaciones de poder entre las personas. Entre el laicado y el pastorado no hay diferencias de poder, sino de funciones y roles en el cuerpo de Cristo.

En el cuerpo de Cristo no se suben niveles, sino que se bajan para estar con la gente y servirles.

En años pasados he tenido conflictos con pastores y laicos que no les gusta escuchar lo que acabo de escribir. Creen que estoy menospreciando el ministerio pastoral. Les explico que esa no es mi intención, sino que lo que pretendo hacer es poner el ministerio pastoral en donde debe estar: al lado de los laicos, no arriba. Los pastores trabajamos en equipo con el resto de la congregación para que la iglesia pueda cumplir con su misión. En ese equipo los pastores guiamos, y el resto de la congregación utiliza sus dones para edificar el cuerpo de Cristo.

En ocasiones las personas que más se disgustan al escuchar este planteamiento son aquellas que no quieren perder su "posición" o "estatus" dentro de la iglesia. Esto es precisamente un síntoma de que han construido una visión jerárquica de la iglesia. La única posición que existe en el cuerpo de Cristo es la de siervos, y en el cuerpo de Cristo no se suben niveles, sino que se bajan para estar con la gente y servirles. Jesús mismo "no estimó el ser igual a Dios como cosa a que aferrarse, sino que se despojó a sí mismo y tomó forma de siervo" (Filipenses 2:6-7).

Consejo 4: Sirve por las razones correctas

La tradición cristiana está repleta de historias de personas que sirvieron de manera extraordinaria a Dios, pero por razones incorrectas. Para ellos, servir fue una forma de "ganarse el cielo". Sin embargo, Pablo nos enseña en su carta a los Efesios que la salvación es un regalo de Dios y que no servimos para ser salvos, sino que somos salvos para servir.

Esa carta a los Efesios fue escrita en un contexto muy parecido al de los romanos. Al igual que Roma, Éfeso era una ciudad importante por su ubicación geográfica. La iglesia que estaba comenzando allí era también compuesta de gentiles convertidos al cristianismo. Al igual que la carta a los romanos, el propósito era de instruir y educar a esta nueva iglesia conformada en su mayoría por personas no judías.

> *La autoridad que tenemos los pastores es la de guiar, enseñar, motivar, liderar, administrar, acompañar, y sobre todo, modelar a Jesús con nuestra propia vida.*

Se dice que Efesios es un complemento a la carta a los Colosenses. En Colosenses se habla de Jesucristo como la cabeza de la iglesia, y en Efesios se presenta la misión de la iglesia. Con el fin de orientar a los creyentes, Pablo explica asuntos fundamentales para el desarrollo de la iglesia; por ejemplo, la relación entre la salvación y las buenas obras que aparece en Efesios 2:1-10:

> A ustedes, Él les dio vida cuando aún estaban muertos en sus delitos y pecados, los cuales en

otro tiempo practicaron, pues vivían de acuerdo a la corriente de este mundo y en conformidad con el príncipe del poder del aire, que es el espíritu que ahora opera en los hijos de desobediencia. Entre ellos todos nosotros también vivimos en otro tiempo. Seguíamos los deseos de nuestra naturaleza humana y hacíamos lo que nuestra naturaleza y nuestros pensamientos nos llevaban a hacer. Éramos por naturaleza objetos de ira, como los demás. Pero Dios, cuya misericordia es abundante, por el gran amor con que nos amó, nos dio vida junto con Cristo, aun cuando estábamos muertos en nuestros pecados (la gracia de Dios los ha salvado), y también junto con él nos resucitó, y asimismo nos sentó al lado de Cristo Jesús en los lugares celestiales, para mostrar en los tiempos venideros las abundantes riquezas de su gracia y su bondad para con nosotros en Cristo Jesús. Ciertamente la gracia de Dios los ha salvado por medio de la fe. Ésta no nació de ustedes, sino que es un don de Dios; ni es resultado de las obras, para que nadie se vanaglorie. Nosotros somos hechura suya; hemos sido creados en Cristo Jesús para realizar buenas obras, las cuales Dios preparó de antemano para que vivamos de acuerdo con ellas.

Según este pasaje, ¿cuál es la relación que existe entre la salvación y las obras? ¿Servimos para ser salvos, o somos salvos para servir? Los versículos 1-9 nos explican que Cristo nos resucitó y dio una nueva vida libre del dominio del pecado. Esta nueva vida no se nos dio como consecuencia de nuestras buenas obras, sino como un regalo de Dios. La salvación es resultado de la gracia de Dios. Los versículos 8 y 9 aclaran: "Ciertamente la gracia de Dios los ha salvado por medio de la fe. Ésta no nació de ustedes, sino que es un don de Dios; ni es resultado de las obras, para que nadie se vanaglorie". Con estos versículos ya tenemos la primera respuesta: no servimos para ser salvos; la salvación es un regalo de Dios.

Ahora, si la salvación es un regalo, ¿qué de las buenas obras? Las buenas obras son resultado o consecuencia de la salvación. El versículo 10 nos dice: "Nosotros somos hechura suya; hemos sido creados en Cristo Jesús para realizar buenas obras, las cuales Dios preparó de antemano para que vivamos de acuerdo con ellas". Las buenas obras o el servicio, no nos dan la salvación, sino que son parte de la nueva vida en Cristo para aquellos que le reciben como salvador por medio de la fe. Recibimos la salvación en un instante por medio de la fe, pero la nueva vida en Cristo que comenzamos al recibir la salvación incluye realizar buenas obras; somos salvos para servir. Es por esto que debemos servir por las razones correctas: como resultado de la nueva vida en Cristo, no para ganarla.

A lo largo de mi vida me he encontrado con personas que tienen dificultad con recibir la salvación como un regalo de Dios. Durante mi adolescencia y juventud, yo mismo fui construyendo la idea de que el cristianismo se trataba de lo que yo podía hacer para ganarme la salvación. Construí una visión legalista de la fe cristiana, en la que el centro no era Cristo, sino yo mismo.

No fue hasta que Dios me regaló la oportunidad de participar del evento de *Crisálida* [7] que me encontré por primera vez con la gracia de Dios: su amor incondicional hacia el ser humano. Allí aprendí que Dios no me amaba por lo que había hecho, estaba haciendo o podría hacer. Dios me amaba simplemente porque era su hijo. Este encuentro con la gracia de Dios comenzó a debilitar la idea de que el cristianismo se trataba de mí y mis esfuerzos.

Luego, al comenzar mis estudios en el Seminario Evangélico de Puerto Rico, leí un libro titulado *Misión integral en la ciudad* [8] que afirma que todas las religiones del mundo trataban de lo que el ser humano podía hacer para acercarse a Dios, pero que el cristianismo se trataba del esfuerzo de Dios por acercarse al ser humano por medio del sacrificio de Jesús. Este pensamiento cambió mi vida para siempre. Ya no se trataba de mí, sino de Dios y su amor incondicional por medio de Jesucristo.

A raíz de estas experiencias aprendí que mi servicio nunca hará que Dios me ame más o que me ame menos. Mi servicio es una forma de agradecer a Dios por su salvación y como resultado de la transformación que hace en mi vida el Espíritu Santo. Además, he aprendido a internalizar y disfrutar lo que afirma mi pasaje favorito en la Biblia:

Somos salvos para servir.

En esto se mostró el amor de Dios para con nosotros: en que Dios envió al mundo a su Hijo unigénito, para que vivamos por él. En esto consiste el amor: no en que nosotros hayamos amado a Dios, sino en que él nos amó a nosotros, y envió a su Hijo en propiciación por nuestros pecados (1 Juan 4:9-10).

Consejo 5: Dios cree en ti, cree tú también

¿Alguna vez le has preguntado a Dios si eres suficiente para servirle? Moisés lo hizo, y su conversación con Dios evidenció que Dios creía en él más de lo que él creía en sí mismo. Veamos esta historia y cómo nos podemos identificar con Moisés.

El libro de Éxodo presenta cómo el pueblo de Israel se encontraba esclavo bajo el poder de Egipto, clamando por una respuesta de Jehová. Frente a su necesidad, Jehová llamó a un hombre para que asumiera el liderato en liberarlos de su esclavitud. El momento en que Jehová llama a Moisés lo encontramos en Éxodo 3.

Luego de huir de Egipto por haber matado a un egipcio y haber sido rechazado por su propio pueblo judío, Moisés se dedicó a pastorear las ovejas de su suegro, un sacerdote de Madián. En uno de esos días, Moisés llegó hasta el monte Horeb con las ovejas. Allí un ángel del Señor se le apareció en una zarza ardiente, un árbol en fuego que no se consumía. Ante este evento, la curiosidad de Moisés lo hizo acercarse a la zarza ardiente. Allí, mientras Moisés se interesaba por la zarza, Jehová llamó a Moisés por nombre.

Allí, comenzó un diálogo entre Moisés y Jehová. Este diálogo es interesante, no solo por el llamado que Jehová le hizo a Moisés, sino por la forma en que Moisés respondió. Fue un diálogo, no un monólogo. Jehová llama a Moisés, y Moisés tiene objeciones. Los versículos 7 al 12 dicen:

He visto muy bien la aflicción de mi pueblo que está en Egipto. He oído su clamor por causa de sus explotadores. He sabido de sus angustias, y he descendido para librarlos de manos de los egipcios y sacarlos de esa tierra, hacia una tierra buena y amplia, una tierra que fluye leche y miel, donde habitan los cananeos, los hititas, los amorreos, los ferezeos, los jivitas y los jebuseos. El clamor de los hijos de Israel ha llegado a mi presencia, y he visto además la opresión con que los egipcios los oprimen. Por lo tanto, ven ahora, que voy a enviarte al faraón para que saques de Egipto a mi pueblo, a los hijos de Israel.» Pero Moisés le respondió a Dios: «¿Y quién soy yo para ir ante el faraón y sacar de Egipto a los hijos de Israel?» Y Dios le respondió: «Ve, pues yo estaré contigo. Y esto te servirá de señal, de que yo te he enviado: Cuando tú hayas sacado de Egipto al pueblo, ustedes servirán a Dios sobre este monte».

De estos versículos, quisiera que nos enfocáramos en la pregunta que Moisés le hizo a Jehová: "¿Y quién soy yo para ir ante el faraón y sacar de Egipto a los hijos de Israel?". Esta pregunta es muy natural de parte de Moisés. Jehová le hace un llamado, y Moisés pregunta quién es él para realizarla. En la vida cristiana, no está mal hacerle preguntas a Dios sobre nuestro llamado. Las preguntas son parte del proceso para obtener mayor claridad y entendimiento de la tarea que nos está encomendando; nos llevan a conocer más a Dios y a nosotros mismos. Sin embargo, a pesar de que las preguntas son naturales, también pueden reflejar inseguridad, miedo, desconfianza, y en el caso de Moisés, pobre autoestima.

Moisés era judío, de padres levitas. En un momento dado, el faraón mandó que todos los niños judíos fueran echados al río. Moisés también es echado al río, en su cesta, en el momento cuando la hija del faraón estaba allí. Moisés es recogido y criado como egipcio, pero se identificaba con su pueblo judío. Un día, Moisés vio a un egipcio maltratando a un judío y lo mató. Otro día, vio a dos judíos peleando y cuando intentó ayudarles, ellos lo rechazaron por temor a que les matara como hizo con el egipcio. A raíz de estas experiencias, Moisés huye de Egipto, siendo rechazado tanto por los judíos como por los egipcios; pero sintiéndose judío.

Al salir de Egipto, Moisés llega hasta Madián, donde le reciben como un egipcio, y no como judío. Allí se casa y hace una nueva vida. Sin embargo, tenía un grave problema de identidad. Como evidencia de esto, Moisés tiene un hijo al que llama Gersón, que significa: "Soy un extraño, en una tierra extraña" (Éxodo 2:22). La pregunta que estaba en la mente de Moisés era "¿Quién soy yo?". Moisés fue rechazado por los egipcios y judíos, y su nueva familia no le ve como judío. ¿Cómo creen que se sentía Moisés?

Al parecer, Moisés tenía una pobre autoestima.

La autoestima es el amor y valor propio que nos damos los seres humanos. Los psicólogos dicen que una buena autoestima se relaciona con ser amado por tus padres desde el momento de nacimiento, y aun antes. Un niño amado y valorado, crecerá con la idea de que es importante, y por consiguiente, se dará valor a sí mismo. El ser rechazado o no amado por otras personas afecta nuestra autoestima: nos sentimos poco valorados y poco importantes.

Una pobre autoestima afecta toda nuestra vida y nuestras decisiones. Nos puede llevar a pensar que no somos suficientes, que somos poca cosa, que somos inferiores a los demás y que no nos merecemos nada bueno. Una pobre autoestima nos hace tener una visión negativa de nosotros mismos, y nos hace colocar nuestra atención en nuestras debilidades y errores, en vez de nuestras fortalezas. Cada vez que se enfrente a un nuevo reto, una persona con una pobre autoestima creerá que es la persona menos indicada y se dirá continuamente a sí misma: "¿Quién soy yo?". Esto refleja la poca importancia y poco valor que se da a sí misma. Es muy probable que la pregunta de Moisés, "¿Quién soy yo?", fue un reflejo de una autoestima lacerada.

Ante la pregunta de Moisés, Dios le contesta de una forma extraordinaria (v.12): "Y Dios le respondió: «Ve, pues yo estaré contigo. Y esto te servirá de señal, de que yo te he enviado: Cuando tú hayas sacado de Egipto al pueblo, ustedes servirán a Dios sobre este monte»". Mientras Moisés estaba enfocándose en sus debilidades y errores, Dios ya daba por sentado que Moisés iba a completar la tarea.

Dios se estaba enfocando en dos cosas: la necesidad que tenía el pueblo de un líder, y las fortalezas de Moisés. Dios conocía que el pueblo estaba en sufrimiento y sabía que Moisés era la persona idónea para realizar la tarea. Dios no se fijó en las debilidades de Moisés, sino en sus fortalezas. ¿Cuáles eran las fortalezas de Moisés? Sencillo: Moisés era judío, pero no era esclavo; no era egipcio, pero conocía a los egipcios porque había vivido con ellos. Moisés tenía lo mejor de ambas partes: era un judío libre con una crianza egipcia. Lo que para Moisés parecía una debilidad y un problema de

Una pobre autoestima afecta toda nuestra vida y nuestras decisiones.

identidad, para Dios era su mayor fortaleza.

Dios nos llama porque no se enfoca en lo que no podemos hacer, en las experiencias negativas que hemos vivido o en los errores que hemos cometido en la vida. Dios nos llama porque puede ver en nosotros nuestras fortalezas y capacidades, y sabe que somos idóneos para suplir las necesidades de otras personas. Dios nos llama porque cree en nosotros, ama a quienes sufren y quiere que seamos instrumentos para sanar, liberar y transformar la vida de otros. Dios nos llama, porque aunque no estemos claros de quiénes somos, Dios sí lo está: "Pero ustedes son linaje escogido, real sacerdocio, nación santa, pueblo adquirido por Dios, para que anuncien los hechos maravillosos de aquel que los llamó de las tinieblas a su luz admirable" (1 Pedro 2:9).

Mientras nos creemos poco capacitados para realizar la tarea, e indignos de ser llamados por Dios, Él nos llama porque nos ama, nos valora. Él sabe lo que somos capaces de hacer y quiere utilizarnos. ¿Quieres saber la mejor evidencia de que Dios cree en nosotros? Que nos llama a servir a otras personas. El llamado de Dios es la forma en que Dios nos invita a creer en nosotros mismos, de la misma forma en que Él cree en nosotros.

Al igual que Moisés, he tenido que trabajar con mi autoestima. En ocasiones tiendo a enfocarme más en mis debilidades que en mis fortalezas. A veces he sido tan crítico conmigo mismo que me he lacerado emocionalmente al darme poco espacio para cometer errores, lo cual es un error. Esto ha tenido un resultado muy negativo tanto sobre mi vida personal como en el ministerio pastoral.

Una de las formas en que he tratado con mi autoestima es afirmando que Jesús nos dejó tres mandamientos principales: amar a Dios, amar al prójimo y amarnos a nosotros mismos. Lucas escribió: "Amarás al Señor tu Dios con todo tu corazón, con toda tu alma, con todas tus fuerzas y con toda tu mente, y a tu prójimo como a ti mismo" (10:27). Usualmente prestamos atención a los primeros dos mandamientos, y perdemos de

> *Lo que para Moisés parecía una debilidad y un problema de identidad, para Dios era su mayor fortaleza.*

vista el tercero: el amor propio. El amor propio es la disciplina de ser nuestros mejores aliados en la vida. Así como un corredor de pista y campo recibe los aplausos de sus admiradores al momento de correr en la pista, nosotros debemos ser nuestro mejor admirador a la hora de enfrentar nuestros retos y llamados para servir a Dios.

En ocasiones nuestra mente puede ser nuestra peor enemiga. La mente nos recuerda nuestros errores y debilidades, de manera que nos sentimos poco capaces de realizar los llamados que Dios pone en nuestro camino. El amor propio, entonces, incluye la experiencia de hablarnos a nosotros mismos con palabras de aliento y motivación ante las dudas que nos atacan, buscando que abandonemos la carrera.

> *El llamado de Dios es la forma en que Dios nos invita a creer en nosotros mismos, de la misma forma en que Él cree en nosotros.*

En mi caso, continuamente reviso cuáles son los pensamientos que tengo acerca de mí mismo. ¿Me estoy tratando con amor? ¿Me digo palabras de aliento? ¿Me enfoco en mis fortalezas? Aprendí del psiquiatra norteamericano David D. Burns en su libro *Feeling Good* [9] a escribir mis pensamientos en una libreta y verificarlos cada cierto tiempo. Esta técnica está basada en la teoría de que nuestros pensamientos tienen un impacto en nuestra conducta; si cambiamos nuestros pensamientos, nuestra conducta cambia. Esta técnica me ayuda a eliminar los pensamientos negativos y reemplazarlos por los positivos.

Todavía sigo intentando mejorar mi autoestima, ya que esto es una tarea para toda la vida. Sin embargo, he aprendido a no subestimarme y a decir que sí a los retos que Dios ponga en mi camino. Como veremos en los próximos párrafos, es Dios quien nos capacita para los llamados a los que nos invita a participar.

Consejo 6: Deja que Dios te capacite

Hay un dicho que dice: "Dios no llama a los capacitados; Dios capacita a los llamados". Jeremías es un ejemplo vivo de esto, y tú también lo puedes ser. Aprendemos de Jeremías que podemos eliminar el "no puedo" de nuestro vocabulario a la hora de servir a Dios y los demás.

El contexto en el cual Jeremías es llamado por Dios es muy particular. Los primeros versículos del libro de Jeremías nos arrojan luz de este momento. El pueblo judío, luego de un tiempo de relativa libertad, vuelve a ser esclavo y es llevado desde Jerusalén a Babilonia, en lo que se conoce como el exilio babilónico del 587a.C.

Jeremías recibe el llamado a profetizar antes, durante y luego de la deportación del pueblo a Babilonia. Era un momento crucial para el pueblo, porque Jehová quería usar a Jeremías para advertirle al pueblo de su pecado, y de las consecuencias de haber olvidado los estatutos de Jehová luego de haber llegado a la tierra prometida. En todo el libro de Jeremías podemos leer que el pueblo no escuchó, y como resultado fueron llevados a Babilonia como esclavos. Ante este escenario, Dios llama a Jeremías:

> La palabra del Señor vino a mí, y me dijo: «Antes de que yo te formara en el vientre, te conocí. Antes de que nacieras, te santifiqué y te presenté ante las naciones como mi profeta.» Yo dije: «¡Ay, Señor! ¡Ay, Señor! ¡Date cuenta de que no sé hablar! ¡No soy más que un muchachito!» Pero el Señor me dijo: «No digas que sólo eres un muchachito, porque harás todo lo que yo te mande hacer, y dirás todo lo que te ordene que digas. No temas delante de nadie, porque yo estoy contigo y te pondré a salvo.» —Palabra del Señor. Y el Señor extendió su mano, me tocó la boca y me dijo: «Yo, el Señor, he puesto mis palabras en tu boca. Date cuenta de que este día te he puesto sobre naciones y reinos, para que arranques y destruyas, para que arruines y derribes, para que construyas y plantes».

Este llamado a Jeremías es muy parecido a otros llamados en la Biblia, particularmente al llamado a Moisés. Cuando existe una necesidad en el pueblo, Dios llama a alguien, este elegido se resiste y dice que no puede. Entonces Dios le contesta que irá con él y que no tenga miedo, y lo capacita para la misión. Esto fue lo que ocurrió con Jeremías.

En primer lugar, hay una necesidad en el pueblo: el pueblo está pecando y Dios quiere advertirle de su pecado. Ante esta necesidad, Dios llamó a Jeremías. Todos los llamados comienzan y terminan con un propósito: servir a los demás que están en necesidad. Dios llama para invitarnos a servir, y no ser servidos. Cuando Dios nos llama, no pensemos que somos los protagonistas principales del evento. Mucho cuidado con los aplausos y la popularidad. Dios llama porque hay necesidades en el pueblo y Dios quiere usarnos para bendecir a los demás. Los llamados no son plataformas para la fama, la popularidad o el estrellato.

Jeremías es llamado porque hay necesidad en el pueblo, pero también porque Dios le había diseñado para esa misión. Jeremías 1:4-5 dice:

> La palabra del Señor vino a mí, y me dijo: «Antes de que yo te formara en el vientre, te conocí. Antes de que nacieras, te santifiqué y te presenté ante las naciones como mi profeta».

Existen varias interpretaciones de este texto bíblico, las cuales respetamos. Sin embargo, esto no quiere decir que la vida de Jeremías estuviera predestinada. Desde el calvinismo, teología desarrollada a partir de las enseñanzas del teólogo francés Juan Calvino, la predestinación es la creencia de que el ser humano no tiene la capacidad de creer en Dios, sino que Dios mismo por medio de su Espíritu Santo es quien le da la fe para creer. El calvinismo se centra en la soberanía de Dios y en la incapacidad del ser humano para rechazar los planes de Dios para su vida.

Por otro lado, la teología arminiana, teología desarrollada a partir de las enseñanzas del teólogo holandés Jacobo Arminio, reconoce el rol del Espíritu Santo para ayudar al ser humano a creer, pero también afirma que el ser humano tiene la libertad de no creer en Dios y rechazar sus planes. Esto es lo que se conoce como libre albedrío. Desde la teología arminiana (teología fundamental para Juan Wesley y el metodismo) es que afirmo que Dios tiene planes y sueños con el ser humano desde antes de que

Los llamados no son plataformas para la fama, la popularidad o el estrellato.

nacemos; pero el ser humano es quien le dice que sí a Cristo para que su vida sea llena de propósito y trascendencia. Dios no obliga a nadie; Dios invita y llama. De la misma forma en que Dios llamó a Moisés y a Jeremías para un llamado especial, nos llama a cada uno de nosotros. Dios tiene un sueño y un propósito con cada uno de nosotros, y nos invita a decirle sí a su llamado.

Luego de que Dios llamó a Jeremías, Jeremías se resistió y presentó una excusa (v.6): "¡Ay, Señor! ¡Ay, Señor! ¡Date cuenta de que no sé hablar! ¡No soy más que un muchachito!". En otras palabras, Jeremías dijo: "no puedo, no soy capaz", mostrando así una pobre autoeficacia, o sea, la capacidad que creemos tener para realizar una tarea. Es posible que la edad de Jeremías en ese momento fuera de diez años o menos, porque la palabra hebraica para referirse a *muchachito* se usaba para hablar de personas de esas edades.

Entonces, no era para menos que Jeremías dijera que era muy joven, porque en efecto lo era. Sin embargo, la juventud no era un obstáculo para Dios. Ante esta excusa, Dios le responde (vs.7-8):

> No digas que sólo eres un muchachito, porque harás todo lo que yo te mande hacer, y dirás todo lo que te ordene que digas. No temas delante de nadie, porque yo estoy contigo y te pondré a salvo.

Jeremías se enfocó en su incapacidad para la tarea, en su pobre autoeficacia. Por su parte, Dios le contesta que las fuerzas, las capacidades y el poder para realizar la misión no provenían de Jeremías sino de Él.

Cuando este pasaje de Jeremías 1 se estudia en el idioma original del hebreo, el pronombre "yo" se emplea por lo menos nueve veces. Muchos de estos "yo" Jeremías los utiliza para hablar con Dios y decirle lo incapaz que él era para la tarea: "Yo no puedo, yo soy muy joven, yo no sé hablar". Lo extraordinario de este encuentro con Dios es que mientras Jeremías está enfocado en sí mismo, identificando sus incapacidades, Dios también le contesta con un "yo" (v.8): "Yo estoy contigo". Esta fue la forma en que Dios invita a Jeremías a dejar de estar enfocado en sus incapacidades y poner su enfoque en el poder de quien le iba a acompañar. El único "yo" en quien Jeremías es invitado a fijarse es en el Gran Yo Soy.

El decirle que sí a Cristo es un asunto de fe. Es un asunto espiritual, en el cual reconocemos la grandeza de Dios y que vamos a poder cumplir con la misión que Dios nos ha dado. A pesar de nuestras limitaciones, contamos con la ayuda del Dios todopoderoso. Decirle sí a Cristo no es ignorar nuestras limitaciones; todo lo contrario. Es reconocerlas entendiendo que si no fuera por el poder y la gracia de Dios no pudiéramos cumplir la misión. Decirle sí a Cristo es afirmar que "todo lo puedo en Cristo que me fortalece" (Filipenses 4:13).

Decirle sí a Cristo es creer que Dios nos capacita para la misión. Eso fue precisamente lo que Dios hizo con Jeremías (vs. 9-10):

> Y el Señor extendió su mano, me tocó la boca y me dijo: «Yo, el Señor, he puesto mis palabras en tu boca. Date cuenta de que este día te he puesto sobre naciones y reinos, para que arranques y destruyas, para que arruines y derribes, para que construyas y plantes.

Dios no llama a los capacitados, Dios capacita a los llamados. ¿Por qué Dios nos capacita? Por varias razones.

En primer lugar, para que entendamos que el éxito de nuestra misión no está en nuestras capacidades, sino en el poder que viene de Dios. Dios nos capacita para que reconozcamos que solo somos sus instrumentos, y que la gloria siempre es para Él. 2 Corintios 4:7 dice: "Pero tenemos este tesoro en vasos de barro, para que se vea que la excelencia del poder es de Dios, y no de nosotros".

En segundo lugar, Dios nos capacita porque quiere usarnos para bendecir a otros. Nuestros llamados tienen un propósito: servir a los demás que están en necesidad. Dios capacitó a Jeremías para arrancar, destruir, arruinar, derribar, construir y plantar. Dios amaba a su pueblo y quería guiarles por el camino correcto.

En tercer lugar, Dios nos capacita para que no tengamos excusa de que no es un buen momento. Dios nos llama cuando nos necesita, no cuando nosotros queramos. Dios llamó a Jeremías cuando lo necesitaba, no cuando Jeremías quiso. Ante la excusa de Jeremías de que era muy joven y de que todavía no era el tiempo

Dios no llama a los capacitados, Dios capacita a los llamados.

idóneo, "el Señor extendió su mano, le tocó la boca y le dijo: «Yo, el Señor, he puesto mis palabras en tu boca" (Jeremías 1:9). ¿Tenemos de excusa que no es el tiempo idóneo para responder al llamado de Dios para servir? Dios nos dice: Ahora es el momento porque yo te voy a capacitar.

Dios nos llama en esos momentos en que parece muy complejo el panorama, y en momentos en que nos vemos incapaces para realizar la tarea, para que nuestra decisión de seguirle y aceptar la misión no esté fundamentada en nuestras capacidades, sino en su poder. Decirle sí a Cristo es un acto de fe en el cual confiamos que Dios nos va a capacitar para realizar la misión. Ante la necesidad que hay en el pueblo, Dios nos llama para servir a los demás y no ser servidos. Dios te ha diseñado desde antes de tu nacimiento para una misión. No te enfoques en tus incapacidades, sino en el poder de Dios. Dios te va a acompañar y capacitar.

¿Cuáles son las necesidades que hay a nuestro alrededor? ¿En tu iglesia? ¿En tu comunidad? ¿Estás sintiendo el llamado de colaborar, servir y dar? ¿Quieres ser un instrumento de Dios para bendecir a otras personas? Nunca habrá un momento perfecto para servir, y nunca estaremos perfectamente capacitados para la tarea. Dios nos llamará cuando nos necesite y nos capacitará mientras servimos. Elimina el "no puedo" de tu vocabulario y empieza a creer que Dios está contigo.

Una de mis tareas principales como pastor es trabajar con personas para lidiar con el miedo que los domina. Dentro de mi llamado se incluye el desarrollar el liderato de las personas.

Dios nos llamará cuando nos necesite y nos capacitará mientras servimos.

Una y otra vez me encuentro en situaciones en donde las personas se enfocan en sus debilidades, y no en sus fortalezas y capacidades. Una de las formas en que he aprendido a trabajar con esta realidad es invitando a las personas a que prueben por un tiempo y vean por sí mismas que podrán realizar la tarea.

A muchas personas les invito a servir por un tiempo corto, y luego de terminado este periodo, les invito a dialogar sobre la experiencia. Durante ese tiempo corto de prueba me encargo de explicarle cuáles serán sus responsabilidades y me aseguro de acompañarles en el camino. En ocasiones, divido la tarea en pequeñas partes para evitar que experimenten ansiedad. El resultado ha sido que muchas de las personas a quienes acompaño mientras sirven se sienten tan agradecidas por el acompañamiento y la oportunidad de servir que deciden continuar sirviendo.

La única forma de saber si podremos realizar la tarea es realizándola. No podemos decir que "no podremos" sin haberlo intentado. Dios siempre utiliza estos intentos y nos capacita sin muchas veces darnos cuenta. Lo más importante es dar el paso de fe y probar, porque Dios nunca nos defrauda. No permitas que el miedo te quite la oportunidad de hacer la diferencia en la vida de otras personas.

Consejo 7: Deja que Dios lo use todo

En ocasiones he dialogado con personas que no creen que Dios puede utilizarlo todo, aun su pasado, para servir a los demás. Sin embargo, el libro de Hechos nos presenta cómo Dios llevó a Pablo de ser el perseguidor de la iglesia al gran predicador de la misma. Veamos esta historia y la forma en que Dios puede usarlo todo en tu vida, aun tu pasado.

En Hechos 9:1-21 se nos narra la conversión al cristianismo de un hombre llamado Saulo, su nombre hebreo, a quien también conocemos como Pablo, por su nombre latín. Esta historia es contada tres veces en el libro de Hechos escrito por Lucas, muy probablemente para afirmar la importancia que tuvo Pablo en el desarrollo de la iglesia cristiana, y en la meta de que el evangelio llegara desde Jerusalén hasta lo último de la tierra. Saulo era el principal perseguidor de la iglesia cristiana, y luego de convertirse al evangelio, pasa a ser el principal predicador del cristianismo. De camino a Damasco, una ciudad muy importante en lo que hoy llamamos Siria, este perseguidor de la iglesia es encontrado por Cristo (vv. 3-6):

> Pero sucedió que de pronto en el camino, ya cerca de Damasco, lo rodeó un poderoso haz de luz que venía del cielo y que lo hizo rodar por tierra, mientras oía una voz que le decía: «Saulo, Saulo, ¿por qué me persigues?» Y él contestó: «¿Quién eres, Señor?» Y la voz le dijo: «Yo soy Jesús, a quien tú persigues.

[Dura cosa te es dar de coces contra el aguijón. Él, temblando de temor, dijo: "Señor, ¿qué quieres que yo haga?" Y el Señor le dijo: "Levántate y entra en la ciudad. Allí se te dirá lo que debes hacer".

A raíz de este encuentro, Pablo quedó ciego; pero tuvo una visión de que un hombre llegaba hasta él y le imponía sus manos para que recobrara la vista. Al llegar a la ciudad, Dios le habla a un hombre llamado Ananías para que llegara hasta Pablo y le impusiera las manos, de manera que Pablo recobrara la vista y fuera lleno del Espíritu Santo. Ananías recibe entonces el llamado de Dios para ir hasta Pablo y ésta fue la conversación (vs.13-16):

Ananías respondió: «Pero, Señor, he sabido que este hombre ha tratado muy mal a tus santos en Jerusalén. También sé que los principales sacerdotes le han dado autoridad para aprehender a todos los que invocan tu nombre.» Y el Señor le dijo: «Ve allá, porque él es para mí un instrumento escogido. Él va a llevar mi nombre a las naciones, a los reyes y a los hijos de Israel. Yo le voy a mostrar todo lo que tiene que sufrir por causa de mi nombre».

Ananías respondió al llamado de Dios y fue un instrumento para que Dios sanara y comisionara a aquel que sería el personaje más importante del cristianismo luego de Jesucristo. Ananías fue el instrumento que Dios usó para que Pablo pasara de perseguidor a predicador. Es importante señalar que Ananías dudó que Dios pudiera usar a Pablo como un instrumento suyo. Ananías pensó que era muy difícil que Dios usara a una persona como Pablo.

¿Qué podemos aprender de esta experiencia? ¿Por qué es tan especial esta conversión de Pablo? En *primer lugar*, esta experiencia afirma que Dios le regala la salvación a todo ser humano, no importa quién sea o qué haya hecho. En *segundo lugar*, este regalo de salvación cambia radicalmente la vida de los seres humanos. En este caso, Pablo pasa de ser el principal perseguidor al principal predicador del cristianismo. En *tercer lugar*, Dios usó todo lo que era Pablo para usarlo como instrumento suyo en el mundo.

¿Quieren saber cómo Dios usó todo lo que era Pablo? Pablo

tenía nacionalidad doble. Era hijo de judíos que se habían movido hasta Roma, por lo que nació en Tarso de Cilicia, donde obtuvo su ciudadanía romana. Sabemos que hablaba por lo menos arameo y griego. Tuvo una formación académica y religiosa rigurosa. Estudió en una universidad de renombre en Tarso, en donde fue expuesto a las corrientes filosóficas de su época, convirtiéndolo en un filósofo e intelectual. Por sus raíces judías, se unió también a los fariseos en Jerusalén, teniendo así la oportunidad de conocer profundamente la ley judía. Se dice que era contemporáneo con Jesús, y pudo estar en los mismos lugares que Él.

Esta mezcla que tenía Pablo en términos de nacionalidad, formación religiosa y académica, hacían de Pablo una persona que conocía y dominaba tanto lo judío como lo gentil. Dios vio esto y quiso usarlo para sus propósitos. Como cristiano, Pablo entonces se convierte en el principal instrumento que Dios usó como puente entre el mundo judío y el gentil. Pablo es quien lucha en la iglesia cristiana para que el evangelio llegara del mundo judío al gentil. Pablo fue el principal misionero del cristianismo por toda Asia Menor, fundando iglesias que luego le darían fuerza al cristianismo en el mundo gentil. Como escritor, las cartas que Pablo dirigió a estas iglesias son las que hoy tenemos en el Nuevo Testamento como libros que nos explican lo que es la base y el fundamento del cristianismo: Corintios, Gálatas, Filipenses, Colosenses, Tesalonicenses, entre otras.

¿Qué nos enseña la vida de Pablo? Que Dios quiere salvar a toda la humanidad, no importa quién sea para la sociedad, o el pasado oscuro que pueda tener; y que al salvarnos, nos convierte en sus instrumentos, usando todo lo que somos. En las manos de Dios, todas nuestras experiencias de vida tienen propósito. La crianza, formación académica y religiosa, capacidades que hemos desarrollado... Dios lo usa todo para que seamos instrumentos para cumplir con la misión de ayudar a otras personas a aceptar y experimentar el amor de Dios. Dios usa lo que sabemos hacer y lo que nos gusta hacer, aunque pensemos que eso no tenga cabida en los propósitos de Dios.

¿Por qué Dios usa todo lo que somos? Porque todos somos necesarios y útiles en el cuerpo de Cristo. 1 Corintios 12:12,19-22 dice:

> El cuerpo humano tiene muchas partes, pero las muchas partes forman un cuerpo entero... Lo mismo sucede con el cuerpo de Cristo. ¡Qué extraño sería el cuerpo si tuviera solo una parte! Efectivamente, hay muchas partes, pero un solo cuerpo. El ojo nunca puede decirle a la mano: «No te necesito». La cabeza tampoco puede decirle al pie: «No te necesito». De hecho, algunas partes del cuerpo que parecieran las más débiles y menos importantes, en realidad, son las más necesarias.

Dios no solo usa todo lo que somos, sino también nos usa a todos, aun aquellos que pensamos que son menos importantes. En el cuerpo de Cristo todos cabemos, y todos tenemos una función que cumplir. Dios lo hace así porque la diversidad es necesaria y buena para poder cumplir con su misión de transformar todo lo creado. El cuerpo de Cristo es un equipo, tal y como hemos visto anteriormente, en el cual nos complementamos unos a otros, para cumplir con el llamado o la función particular que tenemos en el equipo. Por eso hay que tener cuidado de excluir a la gente, y de creer que hay personas que no tienen algo que aportar.

En el campo de la psicología se presenta algo que se conoce como profecías autorrealizables: predicciones que hacemos que por tanto repetirlas se hacen una realidad. Si usted le dice a alguien que no sirve, que no es suficiente y que no podrá, usted estará colaborando para que en efecto eso pase. Si usted le dice a alguien que su vida tiene propósito y que Dios le va a usar con poder, usted estará colaborando para que eso suceda.

En vez de recordarle a la gente su pasado oscuro, o que no son lo suficiente para servir, hay que decirle que en Cristo ahora disfrutan de una nueva vida y que cuentan con todo nuestro apoyo. Marcos 9:42 dice: "A cualquiera que haga tropezar a uno de estos pequeñitos que creen en mí, más le valdría que le colgaran al cuello una piedra de molino, y que lo arrojaran al mar". Por otro lado a la gente más madura en edad y en la fe cristiana, tampoco se le puede excluir pensando que

> *En las manos de Dios, todas nuestras experiencias de vida tienen propósito.*

ya no tienen algo que aportar. La Biblia está llena de ejemplos de personas que fueron instrumentos de Dios en su madurez. Proverbios 20:29 dice: "La gloria de los jóvenes es su fuerza; las canas de la experiencia son el esplendor de los ancianos".

Es muy importante reconocer que Dios nos usa en todo, y no solo para grandes tareas. En la mayoría de los casos, Dios nos usa para pequeños actos de amor en la vida cotidiana y en la iglesia. En el cuerpo de Cristo no hay tareas grandes o pequeñas: toda tarea es importante. Es importante recordar que en el cuerpo de Cristo no hay jerarquías, solo siervos de Jesucristo. Él dijo: "El que quiera ser líder entre ustedes deberá ser sirviente, y el que quiera ser el primero entre ustedes deberá convertirse en esclavo" (Mateo 20:26-27). Sirvamos sin vergüenza en donde Dios nos invite; toda tarea es digna.

No nos subestimemos, no creamos que somos poco. Dios tiene propósito para nuestra vida. Dios usa todo lo que somos; Él nos usa a todos, y nos usa en todo, así como usó a Pablo quien pasó de ser el gran perseguidor al gran predicador de la iglesia cristiana.

> *Hay que tener cuidado de excluir a la gente, y de creer que hay personas que no tienen algo que aportar.*

Antes de recibir mi maestría en Divinidad para cumplir con los requisitos para el ministerio pastoral de nuestra iglesia, tuve la oportunidad de estudiar psicología industrial organizacional. Esta formación académica me preparó para trabajar con grupos, las emociones asociadas con las personas mientras trabajan, la motivación, el desarrollo del liderazgo, la planificación estratégica, la transformación de conflictos, entre otras áreas. Toda esta formación me es sumamente útil a la hora de pastorear. Incluso, me ha permitido ayudar a muchas personas en el desarrollo de su liderato, a muchas iglesias en el desarrollo de sus planes de trabajo y a manejar conflictos en la congregación que pastoreo, entre otras formas.

También he sido testigo de cómo Dios ha usado todas las experiencias de muchas personas para servir a los demás. Como pastor, soy muy observador y me gusta descubrir cuáles son las experiencias profesionales, académicas y de vida de las personas en mi congregación. Muchas de las personas que hoy día sirven como parte del liderato de la iglesia no pensaban que sus experiencias fuera de la iglesia pudieran ser útiles para colaborar con la misión de la iglesia. Sin embargo, han terminado siendo líderes de ministerios porque Dios ha usado todas sus experiencias, aun las que no pensaban, para servir con excelencia en áreas que carecíamos de líderes equipados para servir. Dios lo usa todo.

Resumen: El servicio

1. La petición de dos de sus discípulos luego de la explicación de Jesús sobre su ministerio nos hace entender que no habían entendido que el mismo significaba entrega, muerte, sufrimiento, y sobre todo, servicio (Marcos 10:32-45).

2. En la cruz, Jesús nos enseñó con su propia vida que el reinado político que esperaban se trataba de guerra, espada y que otros murieran violentamente para que el líder tuviera vida, pero su reinado se trataba del líder que decidió morir, para que otros tuvieran vida (Juan 18:33-36).

3. Según las palabras de Jesús, podemos definir el reino de Dios como la manifestación de Dios que transforma y restaura integralmente al ser humano (Lucas 7:22).

4. Ser ciudadanos del reino es colaborar con Dios, siendo instrumentos suyos para que su poder se manifieste en medio de quienes sufren (Mateo 25:35-40).

5. Miqueas nos recuerda la tentación que tenemos los que participamos de una experiencia religiosa cristiana, de inclinarnos más hacia lo interno, privado e individual, y subestimar lo externo, público y social del evangelio de Cristo (Miqueas 6:8).

6. Talentos son capacidades que Dios nos ha dado para hacer algo bien. Podemos descubrir nuestros talentos cuando completamos la siguiente frase: "Soy naturalmente bueno/a

haciendo esto_____". Talentos son habilidades que nos distinguen y nos permiten hacer algo con excelencia.

7. Los dones espirituales, a diferencia de los talentos, son capacidades que Dios otorga a quienes creen en Jesús como Señor. Los dones espirituales son regalos del Espíritu Santo para quienes pertenecen al cuerpo de Cristo, y siempre operan bajo la dirección del Espíritu Santo. El Espíritu Santo otorga estos dones para equipar a la iglesia para colaborar con Dios en su misión de transformar todo lo creado (1 Corintios 12:4-11, Romanos 12:6-8, 27-31, Efesios 4:11-12).

8. La misión de la iglesia no puede cumplirse mediante esfuerzos solitarios o por el esfuerzo de la figura pastoral o ciertos líderes, sino mediante el servicio de todos y todas (Romanos 12:4-13).

9. Recibimos la salvación en un instante por medio de la fe, pero la nueva vida en Cristo que comenzamos al recibir la salvación incluye realizar buenas obras; somos salvos para servir (Efesios 2:1-10).

10. Lo que para Moisés parecía una debilidad y un problema de identidad, para Dios era su mayor fortaleza. Dios cree en ti; cree tú también (Éxodo 3:1-14).

11. Dios nos llamará cuando nos necesite y nos capacitará mientras servimos. Dios no llama a los capacitados, Dios capacita a los llamados (Jeremías 1:4-10).

12. Dios usa todo lo que somos, Dios nos usa a todos, y Dios nos usa en todo; así como usó a Pablo, quién pasó de ser el gran perseguidor al gran predicador de la iglesia cristiana. Deja que Dios use tu pasado (Hechos 9:1-21).

Guía de estudio para uso individual o grupos pequeños

1. El autor afirma que "la petición de dos de sus discípulos luego de esta primera explicación de Jesús nos hace entender que no habían entendido que el ministerio de Jesús significaba entrega, muerte, sufrimiento, y sobre todo, servicio". ¿Cuál es tu reacción al conocer que los discípulos no entendieron el ministerio de Jesús? ¿Crees que hoy día hemos logrado entenderlo? ¿Has tenido experiencias como las de los discípulos?

2. El autor afirma: "En la cruz, Jesús nos enseñó con su propia vida que el reinado político que esperaban se trataba de guerra, espada y que otros murieran violentamente para que el líder tuviera vida, pero su reinado se trataba del líder que decidió morir, para que otros tuvieran vida". ¿Qué te parece este tipo de reinado? ¿Qué significa ser grande en el ministerio de Jesús? ¿Cómo la cruz de Jesús impacta la forma en que sirves a los demás?

3. El autor afirma que "según las palabras de Jesús, podemos definir el reino de Dios como la manifestación de Dios que transforma y restaura integralmente al ser humano". ¿Cómo compara esta definición con la tuya?

4. El autor afirma que "ser ciudadanos del reino es colaborar con Dios siendo instrumentos suyos para que su poder se manifieste en medio de quienes sufren". ¿Habías considerado antes que tu rol como cristiano era este? ¿Quiénes son los que sufren a tu alrededor? ¿Cómo puedes ser instrumento de Dios para ellos?

5. El autor afirma que Miqueas "nos recuerda la tentación que tenemos aquellos que participamos de una experiencia religiosa cristiana, de inclinarnos más hacia lo interno, privado e individual, y subestimar lo externo, público y social del evangelio de Cristo". ¿Has vivido esta tentación? ¿Crees que tu experiencia cristiana es balanceada? ¿Qué pasos puedes dar para tener mayor balance? ¿Cómo puedes ayudar a tu iglesia a tenerlo?

6. Luego de leer acerca de los talentos y dones espirituales: ¿Cuáles son tus talentos? ¿En qué eres bueno? ¿Cómo puedes poner tus talentos al servicio de los demás? ¿Cuál es tu don espiritual? ¿Cómo puedes poner tu don espiritual para colaborar con el reino de Dios?

7. El autor afirma que "la misión de la iglesia no puede cumplirse mediante esfuerzos solitarios o por el esfuerzo de la figura pastoral o ciertos líderes, sino mediante el servicio de todos y todas". ¿Qué piensas de esta afirmación? ¿Cómo evalúas tu iglesia local o contexto de servicio en cuanto al trabajo en equipo? ¿Existen jerarquías en tu iglesia? ¿Cómo puedes ayudar a que haya más trabajo en equipo? ¿Recuerdas alguna experiencia en que hayas trabajado en equipo en la iglesia? ¿Cuál fue el resultado del trabajo en equipo?

8. El autor afirma que "recibimos la salvación en un instante por medio de la fe, pero la nueva vida en Cristo que comenzamos al recibir la salvación incluye realizar buenas obras; somos salvos para servir". ¿Cómo habías interpretado anteriormente la relación entre la salvación y las buenas obras? ¿Te identificas con el autor en su experiencia de creer que el cristianismo trataba de lo que podemos hacer por Cristo? ¿Luchas con la tentación de "ganarte la salvación?

9. El autor afirma que "lo que para Moisés parecía una debilidad y un problema de identidad, para Dios era su mayor fortaleza". ¿Crees en ti mismo de la misma forma en que Dios cree en ti? ¿Luchas con la tentación de quitarte valor como persona y creer que no eres suficiente? ¿Qué pasos puedes tomar para fortalecer tu autoestima? ¿Qué áreas de tu vida crees que Dios puede usar, aunque no lo parezca? ¿Cómo puedes ayudar a otras personas a creer en ellas mismas de la misma forma en que Dios cree en ellas?

10. El autor afirma que "Dios nos llamará cuando nos necesite y nos capacitará mientras servimos". ¿Cómo Dios te ha capacitado mientras le has servido? ¿Puedes

recordar alguna experiencia en que pensabas que no ibas a lograrlo pero Dios te capacitó? ¿Cómo Dios te está llamando hoy? ¿En dónde te necesita?

11. El autor afirma que "Dios usa todo lo que somos, Él nos usa a todos, y nos usa en todo, así como usó a Pablo, quién pasó de ser el gran perseguidor al gran predicador de la iglesia cristiana". ¿Te has preguntado cómo Dios ve aquellas áreas de tu vida que percibes como fracasos? ¿Acaso no pueden ser fortalezas para servir a Dios? ¿En algún momento te has descalificado para ser un instrumento de Dios debido a tus experiencias pasadas? ¿Cómo Dios ha usado tus experiencias de vida, profesionales, académicas y de trabajo para colaborar en la misión de la iglesia?

Recursos de apoyo

En la página web: www.erichernandezlopez.com encontrarás los siguientes recursos de apoyo, entre otros:

1. Autoevaluación de dones espirituales: recurso para ayudar a las personas a descubrir sus dones espirituales

2. Hoja de servicio UBÍCATE: cuestionario utilizado en la iglesia local para ayudar a las personas a ubicarse en los diferentes ministerios

3. Plan de trabajo del equipo de Desarrollo de Liderazgo y Nominaciones: documento que explica las funciones de un ministerio dedicado a ayudar a las personas a servir y desarrollar su liderazgo

PARTE 2:

LAS PALABRAS

"Hay gente cuyas palabras son puñaladas, pero la lengua de los sabios sana las heridas".

Proverbios 12:18

Una de las transformaciones más extraordinarias que Dios quiere hacer en nuestra vida es transformar nuestra forma de hablar. ¿Por qué es necesario transformar nuestra forma de hablar? Proverbios nos dice la razón: "El que cuida su boca se cuida a sí mismo; el que habla mucho tendrá problemas" (13:13) y "El impío se enreda en sus labios pecadores, pero el justo logra salir del aprieto" (12:13). Cuidar nuestra lengua nos evita muchos problemas.

Es interesante que la mayoría de los Proverbios que hablan de la lengua hacen una invitación a eliminar las mentiras y el chisme:

> Miente quien disimula su odio; es un necio quien propaga calumnias (10:18),

> Quien es chismoso da a conocer el secreto; quien es ecuánime es también reservado (11:13), y

> Hay gente cuyas palabras son puñaladas, pero la lengua de los sabios sana las heridas (12:18).

Aprendemos de los Proverbios que cuando mentimos o decimos un chisme, nuestras palabras hieren, pero que la verdad y la discreción sanan. Si esto es así, ¿cómo eliminamos las mentiras y el chisme de nuestra boca? En primer lugar, entendiendo el poder las palabras.

El poder de las palabras

El libro de Efesios es muy pertinente para ayudar a entender el poder de las palabras. Efesios 4:25-32 dice:

> Por eso cada uno de ustedes debe desechar la mentira y hablar la verdad con su prójimo; porque somos miembros los unos de los otros. Enójense, pero no pequen; reconcíliense antes de que el sol se ponga, y no den lugar al diablo. El que antes robaba, que no vuelva a robar; al contrario, que trabaje y use sus manos para el bien, a fin de que pueda compartir algo con quien tenga alguna necesidad. No pronuncien ustedes ninguna palabra obscena, sino sólo aquellas que contribuyan a la necesaria

edificación y que sean de bendición para los oyentes. No entristezcan al Espíritu Santo de Dios, con el cual ustedes fueron sellados para el día de la redención. Desechen todo lo que sea amargura, enojo, ira, gritería, calumnias, y todo tipo de maldad. En vez de eso, sean bondadosos y misericordiosos, y perdónense unos a otros, así como también Dios los perdonó a ustedes en Cristo.

Como he mencionado anteriormente, el contexto en que se escribe el libro de Efesios es muy particular, y muy parecido al contexto de la carta a los Romanos. La comunidad cristiana que se estaba desarrollando en Éfeso estaba compuesta en su mayoría por gentiles, cristianos que no tenían un bagaje cultural judío; es decir, venían de culturas distintas al judaísmo. La ciudad de Éfeso está ubicada en lo que hoy conocemos como Turquía. Se caracterizaba por tener un puerto muy importante, por lo que existía una diversidad de nacionalidades. Debido a que era una iglesia en desarrollo, una de las metas de Pablo al escribir a esta comunidad cristiana fue explicarles lo que debían dejar atrás, y lo que debían comenzar a hacer bajo el nuevo estilo de vida cristiano; todo esto con la ayuda de la gracia de Dios.

Dentro de las cosas que Pablo les dice a los efesios se encuentran tres recomendaciones que se relacionan con las palabras:

1) "Por eso cada uno de ustedes debe desechar la mentira y hablar la verdad con su prójimo; porque somos miembros los unos de los otros",

2) "Enójense, pero no pequen", y

3) "No pronuncien ustedes ninguna palabra obscena, sino sólo aquellas que contribuyan a la necesaria edificación y que sean de bendición para los oyentes".

En resumen, Pablo les indicó que la nueva vida en Cristo se caracterizaba por, entre otras cosas: 1) dejar la mentira y decir la verdad, 2) no pecar si nos enojamos, y 3) evitar palabras obscenas, y hablar palabras que construyan y sean de bendición.

¿Alguna vez usted le dijo a su hijo que dijera que no estaba en la casa cuando alguien le llamó por teléfono? ¿Alguna vez dijo que su hijo tenía menos de doce años para comer gratis en un restaurante? ¿Alguna vez nos quedamos con el cambio que nos dieron de más al comprar algo? ¿Alguna vez llamamos al trabajo para decir que estábamos enfermos cuando no lo estábamos? ¿Alguna vez nos hemos quedado callados cuando alguien nos ha pedido decir la verdad? ¿Alguna vez dijimos algo sobre alguien de lo cual no estábamos seguros? ¿Cuántas veces hemos dicho "medias verdades", ocultando información?

La mentira, que se da de muchas maneras y en muchas dimensiones, es una conducta que nos aleja no solamente de los demás, sino también de Dios. Como es una conducta frecuente, pensamos que no es dañina. Sin embargo, Pablo nos invita a no mentir, porque la mentira destruye, por lo menos de tres formas:

1) nos destruye a nosotros mismos porque vivimos en engaño, lo cual trae deterioro emocional y mental a través de la culpa, y deterioro espiritual porque nos aleja de Dios,

2) destruye a los demás, porque dañamos la reputación de otras personas, y

3) destruye la confianza entre los seres humanos y nos aleja de otra personas.

Por otro lado, Pablo nos invita a no pecar mientras estamos enojados. Al relacionar el enojo con el pecado, él no está diciendo que el enojo sea malo o bueno, sino que cuando estamos enojados nuestras probabilidades de pecar, herir y destruir por medio de las palabras aumentan drásticamente.

> *Cuando estamos enojados necesitamos tomar un tiempo para permitirle a nuestro sistema recuperar el buen juicio, para entonces hablar.*

Cuando estamos enojados, la razón y el buen juicio pierden fuerza. Ambrose Bierce dijo: "Habla cuando estés enojado y harás el mejor discurso que tengas que lamentar".[10] Otra cita parecida dice: "No mezcles tus palabras con tus estados de ánimo. Puedes cambiar tu estado de ánimo, pero no puedes cambiar las palabras que dijiste".[11] Cuando estamos enojados

> *Nuestras palabras pueden ser como algodones que acarician el corazón de otra persona, o como balas que lo hieren.*

necesitamos tomar un tiempo para permitirle a nuestro sistema recuperar el buen juicio, para entonces hablar.

Por último, Pablo nos invita a evitar palabras obscenas. Por el contrario, debemos decir palabras que construyan y traigan bendición. Cuando Pablo habla de construir está diciendo que las palabras construyen o destruyen vidas, relaciones, iglesias, familias, comunidades, países, así como se construye o destruye un edificio. Con las palabras podemos restaurar, levantar y animar a otras personas, y con las palabras también podemos herir y desanimar a otras personas, incluso a nosotros mismos. En ocasiones nos hablamos a nosotros mismos de una forma destructiva, lacerando nuestra autoestima y utilizando palabras obscenas que no le decimos a nadie más.

¿Cómo podemos ayunar de palabras que destruyen para dar espacio a palabras que construyen?

En primer lugar, necesitamos acoger el siguiente principio: Si no tenemos nada bueno que hablar de alguien, mejor no decimos nada.

En segundo lugar, necesitamos evaluar nuestro vocabulario y evitar dirigir palabras obscenas a otras personas. Las palabras obscenas son tan frecuentes en la sociedad que hemos creído que han perdido poder para herir, pero no es así.

En tercer lugar, necesitamos mirar nuestro corazón. Jesús dijo:

> Si el árbol es bueno, también su fruto es bueno; pero si el árbol es malo, también su fruto es malo. Al árbol se le conoce por sus frutos. ¡Generación de víboras! ¿Cómo pueden decir cosas buenas, si son malos? Porque de la abundancia del corazón habla la boca. El hombre bueno saca cosas buenas del buen tesoro de su corazón; el hombre malo saca cosas malas de su mal tesoro. Pero yo les digo que, en el día del juicio, cada uno de ustedes dará cuenta de cada palabra ociosa que haya pronunciado. Porque

por tus palabras serás reivindicado, y por tus palabras
serás condenado (Mateo 12:33-37).

Nuestras palabras son producto de nuestro interior. ¿Qué hay
en nuestra mente y nuestro corazón? ¿Envidia, celos, coraje,
miedo? Necesitamos pedirle a Dios que trabaje con nuestro
interior, porque de allí salen nuestras palabras.

Entender el poder de las palabras es ser cuidadosos con lo
que decimos. Nuestras palabras pueden ser como algodones
que acarician el corazón de otra persona, o como balas que lo
hieren. No se trata de no decir las cosas, o de vivir en un estado
de silencio absoluto; aunque en un momento dado el silencio
pudiera ser necesario. Se trata de lo que dice Proverbios 15:1-4
(NTV):

La respuesta apacible desvía el enojo,
* pero las palabras ásperas encienden los ánimos.*
La lengua de los sabios hace que
el conocimiento sea atractivo,
* pero la boca de un necio escupe tonterías.*
Los ojos del Señor están en todo lugar,
* vigilando tanto a los malos como a los buenos.*
Las palabras suaves son un árbol de vida;
* la lengua engañosa destruye el espíritu.*

El chisme

Una de las mejores formas para eliminar la mentira y el
chisme de nuestra vida es entendiendo lo que es el chisme.
El chisme es una crítica sobre alguien sin que esa persona
esté presente. En el lenguaje de la psicología se le conoce
como *triangulación*:[12] cuando una persona no se comunica
directamente con quien tiene algún asunto, pero sí se comunica
con una tercera persona.

El chisme puede incluir información tanto verdadera como
falsa sobre alguna persona; el detalle es que esa conversación
se da que sin que la persona de quién se habla esté presente.
¿Cómo un asunto o un conflicto se puede resolver si la
persona involucrada no está presente? Por tanto, el chisme
nunca resuelve un asunto porque se atiende entre las personas
incorrectas, y cuando un asunto se atiende entre personas

incorrectas, se abre la puerta para hacer daño.

¿Cómo el chisme hace daño?

En primer lugar, el chisme hace daño a quien lo dice. El chisme siempre es una crítica negativa hacia alguien. Si lo que usted habla acerca de alguien es bueno, eso no es un chisme. Por tanto, siempre que decimos un chisme estamos pecando porque estamos haciendo lo contrario a lo que nos exhorta Filipenses 4:8: "Por lo demás, hermanos, piensen en todo lo que es verdadero, en todo lo honesto, en todo lo justo, en todo lo puro, en todo lo amable, en todo lo que es digno de alabanza; si hay en ello alguna virtud, si hay algo que admirar, piensen en ello".

El chisme siempre llena nuestra mente con pensamientos tóxicos, y una mente llena de pensamientos tóxicos es la receta para la enfermedad mental e infelicidad. En resumen, decir un chisme nos hace daño porque nos quita salud.

En segundo lugar, el chisme hace daño a la persona que lo recibe. Cuando decimos un chisme estamos exponiendo a una persona que nada tiene que ver con el asunto. Le exponemos a pensamientos tóxicos que le quitarán salud de la misma forma en que se la quitan al que dice el chisme. Entonces, ya no solo es una persona con pensamientos tóxicos y enfermedad mental, sino dos.

En tercer lugar, el chisme hace daño a la persona de quien se habla. Además de afectar su testimonio público o reputación, el chisme no da oportunidades a las personas a defenderse. Cuando se afecta el testimonio público de una persona, la misma puede sufrir de ansiedad y depresión, entre otros estados emocionales no saludables. Ahora bien, si el chisme es la causa de tanto daño, ¿por qué los seres humanos lo practicamos?

Siete razones para la existencia del chisme

1. *Es una conducta aprendida.* En algunas familias el chisme se ha trasmitido de generación en generación. Por ejemplo, las nuevas generaciones han aprendido que cada vez que nos reunimos a comer es un momento para criticar a alguna persona sin que ella esté presente. Además, el chisme se aprende en la televisión,

radio, redes sociales y revistas, entre otros foros.

2. *La ignorancia*. En ocasiones no entendemos el daño que causa el chisme. Muchas veces repetimos lo que escuchamos de otras personas sin saber el daño que estamos haciéndole a las personas involucradas en el mismo.

3. *Queremos hacer daño para vengarnos de alguien*. En ocasiones sabemos el daño que estamos haciendo al participar del chisme. Aun así participamos, porque llevamos raíces de amargura, odio o rencor hacia alguien.

4. *Curiosidad de alto nivel*. Las redes sociales, programas de televisión y revistas han eliminado la privacidad. Por tanto, creemos que es correcto saber la vida privada de las personas. Tenemos curiosidad acerca de asuntos que son privados.

5. *La necesidad de enfocarnos en las debilidades de las personas como una estrategia para intentar sentirnos bien debido a nuestra pobre autoestima*. En ocasiones creemos que fijarnos en las debilidades de otras personas nos hará sentir mejor y de alguna manera mejorará nuestra autoestima. Lamentablemente, cuando nos enfocamos en las debilidades de otras personas es porque de alguna manera esa es la forma en que nos tratamos a nosotros mismos. Más que mejorar nuestra autoestima, el enfocarnos en las debilidades de los demás evidencia la necesidad de amarnos y valorarnos a nosotros mismos.

6. *El aburrimiento*. En ocasiones estamos tan aburridos que en vez de dedicarnos a trabajar y ser productivos, nos entretenemos con el chisme. Muchas veces el chisme es producto de no tener algo que hacer. Invertimos nuestro tiempo en conversaciones tóxicas porque no tenemos algo más en agenda.

7. *Carencia de herramientas para manejar conflictos*. La falta de experiencia o conocimiento nos lleva a triangular. En ocasiones participamos del chisme porque no sabemos cómo evitarlo.

¿Cómo evitamos el chisme?

De la misma forma en que establecimos siete razones por las cuales se genera el chisme, a continuación les presentaré siete consejos para evitarlo:

Primero, huyendo de los escenarios en donde se promueve el chisme. Proverbios 10:20 dice: "Plata pura es la boca del honrado; mente perversa no vale nada". ¡Huyamos de las mentes perversas que nos tientan a criticar a las personas!

Segundo, evaluando nuestras conversaciones y preguntándonos: ¿Esta conversación trae vida o muerte? ¿Enfermedad o sanidad? Proverbios 10:11 dice: "Las palabras de los justos son como una fuente que da vida; las palabras de los perversos encubren intenciones violentas". ¡Que de nuestra boca salgan palabras de vida y sanidad!

Tercero, perdonando y dejando a un lado el rencor. Proverbios 17:9 dice: "Cuando se perdona una falta, el amor florece, pero mantenerla presente separa a los amigos íntimos". ¡Liberemos nuestra mente del odio! Otorguemos el perdón a quienes nos ofenden, de la misma forma en que Dios nos ha otorgado el perdón a pesar de nuestros pecados. El perdón es un regalo que otorgamos a las personas, no porque lo merezcan, sino porque queremos ser libres de las raíces de amargura, odio y rencor.

Cuarto, manejando nuestra curiosidad. Proverbios 10:19 dice: "Hablar demasiado conduce al pecado. Sé prudente y mantén la boca cerrada". ¡Hagamos de la discreción nuestra meta!

Quinto, magnificando lo bueno de la gente y minimizando sus debilidades. Proverbios 10:32 dice: "Los labios del justo hablan palabras provechosas, pero la boca del malvado habla perversidad". Hay un dicho que dice: "El que busca, encuentra". ¡Busquemos lo bueno de la gente y no lo malo!

Sexto, evitando el aburrimiento y siendo productivos. Proverbios 21:25 dice: "El perezoso se muere de deseos, pero no es capaz de ponerse a trabajar". ¡Cuando nos den deseos de chismear, dediquémonos a hacer algo productivo!

Séptimo y último, evitando la triangulación. Comuniquémonos con las personas indicadas, en el momento indicado y de la forma indicada. Proverbios 10:21 dice: "Las palabras del justo animan a muchos, pero a los necios los destruye su falta de sentido común".

¡En ocasiones las cosas no son como creemos, y necesitamos aclarar las cosas! Para lograr esto, necesitamos dos herramientas básicas para el manejo de conflictos: empatía y asertividad.

La *empatía* es la elección de intentar entender la situación de otra persona. Cuando somos empáticos, fijamos nuestra atención en la otra persona con el fin de conectarnos con ella y ponernos en sus zapatos para ver y sentir las cosas como esa persona las ve y las siente. ¿Cuántas veces queremos resolver conflictos sin escuchar a nuestras parejas, hijos o a ese familiar con quien tenemos conflicto? ¿Será que creemos que tenemos la razón sin darle la oportunidad de que se explique? ¿A quién necesito escuchar hoy?

La *asertividad* es la capacidad de expresar lo que sentimos de forma justa y respetuosa. Usualmente tenemos una de dos respuestas ante un conflicto: agresividad o sumisión. O decimos las cosas sin pensar y de mala manera, o no decimos nada. La asertividad es la opción intermedia de reconocer que hay un conflicto que hay que poner sobre la mesa. Por tanto, expresamos lo que sentimos o pensamos sin buscar herir a la otra parte.

¿Por qué es importante ser asertivos? Les doy dos razones:

Primero, porque permite resolver el conflicto tal y como es, no como creemos que es. Si ambas partes dicen lo que sienten y creen, se puede buscar una solución que les satisfaga.

Segundo, porque es una forma de amarnos a nosotros mismos. Cuando expresamos lo que sentimos, expulsamos de nuestro sistema toda la carga negativa del conflicto. Y si luego de hablar con la persona el conflicto no se puede resolver, por lo menos nos sentimos mucho mejor. No debemos permitir que el conflicto eche raíces en nuestra mente.

El chisme y la iglesia

Se puede medir la salud de una iglesia por la calidad de sus conversaciones. En ese sentido, el chisme es uno de los peores enemigos de la iglesia. Utilizando el libro de Santiago veremos que al igual que las palabras construyen o destruyen personas, familias y relaciones, también construyen o destruyen iglesias. Además, veremos cómo Santiago nos invita a manejar saludablemente nuestra lengua, porque esto es un asunto de integridad.

Para entender el libro de Santiago, es importante entender el ministerio del apóstol Pablo. A lo largo de su ministerio, Pablo interpretó el ministerio de Jesús, y llegó a la conclusión de que la salvación era un regalo de Dios para el ser humano por medio de la fe. Como hemos visto anteriormente en Efesios 2:8-9, Pablo nos enseña: "Ciertamente la gracia de Dios los ha salvado por medio de la fe. Ésta no nació de ustedes, sino que es un don de Dios; ni es resultado de las obras, para que nadie se vanaglorie." Esta interpretación de Pablo tuvo una reacción por parte de otros líderes de la iglesia. Se dice que el libro de Santiago es parte de este grupo que reaccionó a las palabras de Pablo, haciendo la aclaración de que a pesar de que somos salvos por la fe, es necesario acompañar nuestra fe con obras.

> *Se puede medir la salud de una iglesia por la calidad de sus conversaciones.*

El libro de Santiago es una carta universal, no dirigida a una iglesia en particular; sino que trata de explicar un asunto importante bastante común a las iglesias de aquella época. En la carta, el asunto principal que se presenta es la integridad: las acciones de la comunidad cristiana necesitan ir a la par con su fe. En su carta, Santiago exhorta: "Pero pongan en práctica la palabra, y no se limiten sólo a oírla, pues se estarán engañando ustedes mismos" (1:22). La versión RV1960 dice: "Pero sed hacedores de la palabra, y no tan solamente oidores". El llamado de Santiago es sencillo: Somos salvos por la fe, pero esa nueva vida en Cristo incluye obras que pongan en evidencia nuestra fe.

Teniendo claro que el asunto primario de la carta de Santiago es la integridad, es decir, que nuestra fe debe ir a la par con nuestras obras, una de las obras que más evidencia nuestra fe es la forma en que manejamos nuestra lengua. Santiago dedica varios versículos de su capítulo para hablar de esto. El versículo 1:19 dice: "Por eso, amados hermanos míos, todos ustedes deben estar dispuestos a oír, pero ser lentos para hablar y para enojarse", y el versículo 1:26 dice: "Si alguno de ustedes cree ser religioso, pero no refrena su lengua, se engaña a sí mismo y su religión no vale nada". El capítulo 3 es el que más nos habla de la lengua y nos dice (vs.1-12):

Hermanos míos, no se convierta la mayoría de ustedes en maestros. Bien saben que el juicio que recibiremos será mayor. Todos cometemos muchos errores. Quien no comete errores en lo que dice, es una persona perfecta, y además capaz de dominar todo su cuerpo. A los caballos les ponemos un freno en la boca, para que nos obedezcan, y así podemos controlar todo su cuerpo. Y fíjense en los barcos: Aunque son muy grandes e impulsados por fuertes vientos, se les dirige por un timón muy pequeño, y el piloto los lleva por donde quiere. Así es la lengua. Aunque es un miembro muy pequeño, se jacta de grandes cosas. ¡Vean qué bosque tan grande puede incendiarse con un fuego tan pequeño! Y la lengua es fuego; es un mundo de maldad. La lengua ocupa un lugar entre nuestros miembros, pero es capaz de contaminar todo el cuerpo; si el infierno la prende, puede inflamar nuestra existencia entera. La gente puede domesticar y, en efecto, ha domesticado, a toda clase de bestias, aves, serpientes y animales marinos, pero nadie puede domesticar a la lengua. Ésta es un mal indómito, que rebosa de veneno mortal. Con la lengua bendecimos al Dios y Padre, y con ella maldecimos a los seres humanos, que han sido creados a imagen de Dios. De la misma boca salen bendiciones y maldiciones. Hermanos míos, ¡esto no puede seguir así! ¿Acaso de una misma fuente puede brotar agua dulce y agua amarga? No es posible, hermanos míos, que la higuera dé aceitunas, o que la vid dé higos. Ni tampoco puede ninguna fuente dar agua salada y agua dulce.

Con este pasaje, Santiago afirma el poder que tienen las palabras dentro de la comunidad cristiana. Él compara la lengua con el freno de los caballos y el timón de un barco para expresar que la lengua puede dominar y dar dirección a nuestras vidas, para bien o para mal. Para Santiago, nuestra lengua tiene que ser domesticada o manejada, porque de lo contrario puede convertirse en un instrumento de destrucción. En conclusión, Santiago afirma que la lengua es como un pequeño fuego o una chispa, suficiente para destruir todo un bosque.

Estas palabras de Santiago se parecen a lo escrito en Proverbios 16:27 (NTV): "Los sinvergüenzas crean problemas; sus palabras son un fuego destructor". A esto Santiago agrega que cuando el infierno prende la lengua, se inflama nuestra existencia entera. Con el infierno, él quiere decir que cuando el odio, el enojo, la envidia y el rencor están detrás de nuestras palabras, el resultado es destrucción, tal y como un veneno mortal. Jesús mismo afirmó esto cuando dijo que "de la abundancia del corazón habla la boca" (Lucas 6:45). Para dar énfasis, Santiago dice que de nuestra boca no deben salir palabras que construyan y que destruyan, así como es imposible que de una planta de uvas salgan aceitunas, o de una fuente de agua dulce salga agua salada.

Una de las formas en que las palabras se convierten en un fuego destructor en la iglesia es mediante el chisme. Cuando existen diferencias en el cuerpo de Cristo, o cuando ha pasado algo que causa noticia, se comienzan a hacer comentarios que carecen de información específica, sin saber exactamente cuál es el asunto, quién lo dijo, qué dijo, cuándo lo dijo o qué pasó. Ante esta ambigüedad que causa intriga y expectación, comenzamos a hacernos las preguntas que parecieran ser las más indicadas ante la situación: *¿Qué pasó? ¿Qué dijo? ¿Quién lo dijo? ¿Cuándo lo dijo? ¿Qué pasará ahora?*

Esta intriga y expectación es algo que a los seres humanos nos gusta, y en un abrir y cerrar de ojos, nuestras conversaciones se han convertido en chisme. Comenzamos a especular y a concluir muchas cosas con solo parte de la información, o con ninguna. En medio de esas especulaciones y conclusiones se nos sale de control la lengua, y podemos

> *El chisme desenfoca y nos hace malgastar nuestras energías, tiempo y recursos.*

estar creando información falsa que otras personas repetirán. Con mucha frecuencia, esta información no resuelve el asunto, sino que hace daño a otras personas y crea otros problemas innecesarios.

En el caso de la iglesia, el chisme tiene una consecuencia negativa adicional: nos desenfoca de nuestra misión. Cuando nuestra lengua se sale de control, y dejamos que la intriga y la expectación nos lleven a especular y a crear información que pudiera ser falsa, el chisme se apodera de la iglesia. Nuestras conversaciones dentro y fuera de nuestro templo comienzan a girar alrededor del chisme. Y en vez de invertir nuestras energías, tiempo y recursos en nuestra misión y razón de ser, las estamos invirtiendo en asuntos relacionados con el chisme. El chisme desenfoca y nos hace malgastar nuestras energías, tiempo y recursos.

Si el chisme es un fuego que puede destruir una iglesia, ¿cómo lo evitamos? Santiago nos da tres recomendaciones:

1) siendo rápidos para oír, y lentos para hablar y enojarnos,

2) entendiendo el poder destructor de la lengua, y

3) evitando el doble discurso para que de nuestra boca solo salgan palabras que construyan.

Cuando surge alguna diferencia en la iglesia o algo causa noticia, necesitamos ser lentos para hablar. Entendamos que nuestras palabras pueden destruir, y que somos llamados a solo decir palabras que construyan.

Ante la tentación de comenzar o ser parte de un chisme, somos llamados a pensar lo siguiente:

- Mis palabras, ¿van a construir o destruir?
- ¿Tienen el potencial de tergiversarse, dañar a alguien o causar más problemas?
- Lo que voy a decir, ¿va a ayudar en algo?
- Las personas a quienes le voy a hablar, ¿tienen las herramientas para canalizar el asunto de forma saludable?
- ¿Ya hablé con la pastora, el pastor o con líderes de nuestra iglesia que pueden manejar el asunto?
- ¿Cómo mis palabras pueden afectar el testimonio de alguna persona y nuestra iglesia?
- Mis palabras, ¿traen unidad, paz, sanidad?

Si comparamos la lengua con un fuego destructor que incendia todo un bosque, la forma en que el cuerpo de bomberos combate el fuego nos da dos sencillas formas de bregar con nuestras palabras: 1) cuidado con los pequeños fuegos, porque ellos son los causantes de grandes incendios;

y 2) si ya existe fuego, apágalo desde la raíz. Asimismo sucede con las palabras, tengamos cuidado con lo que decimos, pueden ser la chispa para crear un gran fuego. Pero si ya existe un fuego, apaguémoslo desde la raíz. Seamos lentos para hablar, hablemos palabras que construyan, y canalicemos el asunto a través de nuestros líderes. Santiago 3:9-10 dice:

> Con la lengua bendecimos al Dios y Padre, y con ella maldecimos a los seres humanos, que han sido creados a imagen de Dios. De la misma boca salen bendiciones y maldiciones. Hermanos míos, ¡esto no puede seguir así!

Como iglesia, ¿qué palabras saldrán de nuestra boca? ¿Palabras que maldigan, desanimen, destruyan, desenfoquen a la iglesia y causen un mal testimonio a la comunidad? ¿Palabras que bendigan, animen, restauren, traigan soluciones y demuestren nuestra fe cristiana y amor por nuestra iglesia? Nuestra fe cristiana nos debe llevar a palabras que evidencien nuestro amor por Dios y por los demás. En particular, nuestro amor por la comunidad cristiana en la que hemos elegido perseverar. Como iglesia, nuestro manejo de la lengua es un asunto de integridad.

Las palabras y la política partidista

Cuando pensamos en los personajes de la política partidista de nuestro país, ¿qué emociones y pensamientos vienen a la mente? Estoy seguro que no todos sentimos y pensamos lo mismo. Cuando hablamos de política partidista, la diversidad y las diferencias no son un problema en sí mismo, sino la forma en que sentimos, pensamos y actuamos al relacionarnos con otras personas.

Todos tenemos derecho a asumir posturas político partidistas y a diferir, pero no debemos enojarnos, insultarnos y dividirnos a causa de las mismas. En Mateo 5:21-26 leemos que todo ser humano tiene un valor sagrado ante Dios, no importa su postura político partidista, y que debemos evitar el fanatismo. En el mismo pasaje, Jesús nos recuerda la importancia de ayunar de palabras que matan o destruyen relaciones, debido a diferencias político partidistas.

Lo que conocemos como el Sermón del Monte se encuentra en los capítulos cinco al siete del Evangelio según Mateo. Esta es una recopilación de los discursos de Jesús sobre diversos temas, incluyendo el reino de Dios. En Mateo 5:21-26 se presenta la primera de seis antítesis (contrastes) de Jesús en donde dice: "Ustedes oyeron que fue dicho...pero yo les digo...". Con estas antítesis, Jesús presentó al pueblo lo que la ley decía y lo que Él interpretaba acerca de la misma.

> *Todos tenemos derecho a asumir posturas político partidístas y a diferir, pero no debemos enojarnos, insultarnos y dividirnos a causa de las mismas.*

La meta de Jesús con estas antítesis no era abolir o eliminar la ley, sino mejorarla, ampliarla e interpretarla correctamente. Lo que está detrás es una crítica al sistema religioso judío que interpretaba la ley incorrectamente. Esta primera antítesis habla del enojo y el homicidio, y las próximas hablan del adulterio, el divorcio, los juramentos, la venganza y los enemigos. Veamos esta primera antítesis sobre el enojo y el homicidio:

Ustedes han oído que se dijo a los antiguos: "No matarás", y que cualquiera que mate será culpable de juicio. Pero yo les digo que cualquiera que se enoje contra su hermano, será culpable de juicio, y cualquiera que a su hermano le diga "necio", será culpable ante el concilio, y cualquiera que le diga "fatuo", quedará expuesto al infierno de fuego. Por tanto, si traes tu ofrenda al altar, y allí te acuerdas de que tu hermano tiene algo contra ti, deja allí tu ofrenda delante del altar, y ve y reconcíliate primero con tu hermano, y después de eso vuelve y presenta tu ofrenda. Ponte de acuerdo pronto con tu adversario, mientras estás con él en el camino, no sea que el adversario te entregue al juez, y el juez al alguacil, y seas echado en la cárcel. De cierto te digo que no saldrás de allí, hasta que hayas pagado el último centavo.

En esta primera antítesis, Jesús hace una conexión entre el enojo y el homicidio. El pueblo judío era juzgado por el acto de matar físicamente a una persona, tal y como lo presenta la ley judaica (Éxodo 20:13, Deuteronomio 5:17). Sin embargo, Jesús ahora establece que enojarse con una persona y decirle palabras obscenas era causa de juicio. Con esta interpretación, Jesús amplía la definición de matar, y afirma que el enojo hacia una persona y las palabras obscenas son tan destructivas para el ser humano como el matar físicamente.

¿Por qué Jesús hace esta conexión entre el enojo y el homicidio? ¿Por qué pone el enojo al nivel del homicidio?

Para Jesús el odio y el enojo son la raíz de un homicidio; no habría un homicidio si primero no hubiera odio y enojo hacia alguna persona. El enojo y el homicidio se relacionan porque cuando estamos enojados y llenos de odio, de nuestro interior salen palabras que destruyen relaciones y personas. El odio y el enojo no solo nos llevan a matar a una persona físicamente, sino emocional y espiritualmente.

Con esta interpretación de la ley, Jesús establece lo importante que es manejar nuestros estados de ánimo y pensamientos, porque el enojo y el odio nos pueden llevar a matar personas y relaciones por medio de nuestras palabras. Jesús está dando valor a las relaciones humanas como parte de lo que significa la vida cristiana. Para Jesús es tan importante amar a Dios como amar a los demás. Jesús mismo resumió la ley en dos mandamientos: "Amarás al Señor tu Dios...y a tu prójimo como a ti mismo" (Marcos 12:30-31).

Siendo consistente con estos dos grandes mandamientos, Jesús no solo establece cómo podemos matar personas y relaciones con nuestras palabras, sino que hace la invitación a restaurar esas relaciones. Jesús dice que si una persona está enojada con otra, es necesario resolver el asunto y reconciliarse, antes de presentar su ofrenda en el altar. La ofrenda a Dios representa el amor a Dios y el reconciliarse con la otra persona, el amor al prójimo. Para Jesús había que cumplir con ambas: amar a Dios y amar al prójimo.

En resumen, Jesús nos dice lo siguiente con esta antítesis: matar no solo se trata de hacer que otra persona muera físicamente, sino que comenzamos a matar a otra persona cuando la comenzamos a odiar y le destruimos emocional y espiritualmente con nuestras palabras. Por tanto, el mandamiento de "no matarás" incluye el manejar nuestro enojo y no odiar, de tal forma que evitemos palabras que destruyan nuestras relaciones con los demás. Si estamos enojados con otra persona y la hemos insultado, es necesario reconciliarnos. En palabras aún más sencillas, Jesús nos dijo que el enojo y el odio llevan a insultos, y los insultos destruyen relaciones.

> *Uno de los principios fundamentales del cristianismo, y por supuesto del metodismo, es que toda persona tiene un valor sagrado ante Dios y merece respeto.*

Un escenario más en que los seres humanos nos enojamos, insultamos y dividimos es la política partidista. ¿Por qué los seres humanos nos enojamos, insultamos y dividimos con el tema de la política partidista? Porque nos colocamos los lentes, los anteojos de la política partidista, y no nos quitamos los mismos. Los lentes de la política partidista son aquellos que nos permiten ver y entender la dimensión política de la vida. En momentos dados de nuestra vida es necesario ponernos estos lentes para entender cómo funciona la política partidista. Sin embargo, estos lentes no pueden usarse en exceso. Quedarnos con los lentes de la política partidista todo el tiempo traerá dos consecuencias primarias: no poder reconocer el valor sagrado de cada persona, y el fanatismo.

Uno de los principios fundamentales del cristianismo, y por supuesto del metodismo, es que toda persona tiene un valor sagrado ante Dios y merece respeto, sin importar su edad, género, orientación sexual, ideas políticas o religiosas, familia de origen, nacionalidad, estatus económico o profesión, entre muchas otras. Si nos quedamos con los lentes puestos, somos tentados a olvidar este principio. Los lentes de la política partidista nos hacen caer en cuatro errores o conductas no saludables.

En primer lugar, tendemos hacia la personalización.

Aunque en efecto una persona puede tener una preferencia político partidista, esta es mucho más que su afiliación política. Aun aquellas personas que vemos como fanáticas, que para nosotros "han perdido la razón y la perspectiva", también son mucho más que su afiliación política. Personalización es el acto de creer que la postura político partidista de una persona la define por completo, y por consiguiente, no me puedo relacionar con la misma porque yo tengo otra postura. La personalización es un error mental, porque las personas pueden relacionarse unas con otras a pesar de tener posturas político partidistas diferentes, porque existen otras dimensiones de la vida en que podemos tener puntos en común.

En segundo lugar, tendemos a crear estereotipos.
Ningún ser humano es igual a otro; ni siquiera quienes comparten un ideal político. Decir "todos los _____ son iguales" es crear un estereotipo, alegaciones sobre grupos que comparten alguna característica. Los estereotipos llevan al prejuicio: hacer juicios sobre las personas sin conocerlas. Los estereotipos y el prejuicio nos pueden alejar de conocer a las personas tal y como son; perdiéndonos así de disfrutar la riqueza que hay en cada ser humano.

Crear estereotipos, o categorías, como verdes, anaranjados, rojos, púrpura, azules, en las que ubicamos a las personas, limita la capacidad para conocer a las personas más allá de sus posturas político partidistas. Estos no permiten una separación entre la persona y sus ideas político partidistas. Peor aún, en el caso de que la persona tenga una postura político partidista diferente a la nuestra, comenzamos a pensar negativamente de esa persona, de la misma forma en que pensamos negativamente de su partido o posturas político partidista.

Este pensamiento negativo puede en muchas ocasiones convertirse en enojo; el enojo lleva a insultos, y finalmente los insultos llevan a destruir la relación. Los lentes de la política nos impiden darle el respeto que merece cada persona por ser creación de Dios, independientemente de su postura político partidista. Los que promueven estos estereotipos y nos invitan a mirar las personas por colores políticos, entre muchas personas, son principalmente nuestras familias de origen y los líderes políticos. Seamos sabios al seguir tradiciones familiares y político partidistas tóxicas y dañinas que limitan el valorar y respetar a las personas como creación de Dios.

En tercer lugar, los lentes de la política partidista nos llevan al fanatismo.
Por definición, el fanatismo es una actitud o actividad que

se manifiesta con pasión exagerada, desmedida y terca en defensa de una idea, teoría, cultura o estilo de vida. Hoy en día se usa mayormente para designar a las personas excesivas en su entusiasmo hacia una causa religiosa o política, hacia un deporte o pasatiempo, o hacia una persona a quien idolatran. Psicológicamente, la persona fanática manifiesta un apasionado e incondicional apego a una causa, un entusiasmo desmedido y una obsesión persistente hacia determinados temas, de modo obstinado, algunas veces indiscriminado y violento.

El fanatismo limita la capacidad de los seres humanos para hacer un juicio sobre las ideas o acciones de un partido o líder, para identificar lo bueno y lo malo. El problema del fanatismo no necesariamente es el contenido de lo que se cree, sino cómo se cree y cómo nos relacionamos con otras personas. El fanatismo no nos permite dialogar con otras personas que piensan diferente a nosotros, sino que nos lleva al apasionamiento y a la violencia física y verbal contra aquellos que difieren o no pueden ver las cosas como nosotros las vemos. De esta manera se pierde la oportunidad de relacionarnos con personas con las cuales podemos tener una relación enriquecedora.

En cuarto y último lugar, los lentes de la política partidista nos llevan a convencer antes que entender.

Los seres humanos dejamos de crecer cuando dejamos de escuchar y creemos que ya lo sabemos todo. Nuestras posturas político partidistas son precisamente eso, posturas o perspectivas; no son la verdad absoluta. Cada vez que buscamos convencer antes que entender, nos privamos de aprender de otras personas y perspectivas.

¿Cómo le damos el valor sagrado a cada persona y evitamos los estereotipos, la personalización, el fanatismo e intentar convencer a la gente?

En primer lugar, usando los lentes de la política partidista con cautela. No se puede pensar y actuar bien cuando todo lo vemos desde la perspectiva político partidista. Quitarse los lentes de la política partidista es entender que por encima de las posturas político partidistas, Jesús nos llama a darle valor a cada ser humano y a amarle. Quitarse los lentes nos ayudará a calmar nuestras pasiones, y así evitar el enojo que lleva a insultos que destruyen relaciones. Además, nos ayudará a no repetir los insultos, mentiras y medias verdades que salen de la boca de líderes políticos o defender asuntos que van en contra de nuestros valores cristianos.

En segundo lugar, poniendo al reino de Dios por encima de cualquier postura o partido político. Antes de tener posturas político partidistas, nuestra postura principal es la de amar a Dios con todo lo que somos y a nuestro prójimo como a nosotros mismos. Esa es la creencia principal del reino de Dios. Antes de ser miembros de partidos políticos, somos hijos de Dios y parte del cuerpo de Cristo. ¿Cómo debemos actuar los que somos parte del cuerpo de Cristo? Buscando la unidad y poniendo las relaciones humanas por encima de las posturas político partidistas.

Buscar la unidad es entender lo que se nos dice en Proverbios 20:3 (NTV): "Evitar la pelea es una señal de honor; solo los necios insisten en pelear". Cuando una postura político partidista atenta contra la unidad entre las relaciones humanas, hay que poner las relaciones primero que la postura. Incluso, podemos tener debates sobre temas importantes para nuestro país, pero no tienen que haber peleas. Se puede diferir sin tener que odiar. ¿Cómo ponemos las relaciones humanas por encima de las posturas políticas? Haciendo lo que nos enseñó Jesús en Mateo 7:12: "Así que, todo lo que quieran que la gente haga con ustedes, eso mismo hagan ustedes con ellos, porque en esto se resumen la ley y los profetas".

¿Qué queremos que la gente haga con nosotros? Que nos escuchen, que vean algo positivo en nuestras posturas, que vean puntos en común, que nos hablen con respeto, y que no nos provoquen, entre otras cosas. Por tanto, poner las relaciones por encima de las posturas políticas incluye:

1) escuchar antes de hablar,

2) ver algo positivo en las posturas de otras personas,

3) buscar puntos medios o en común con los cuales podamos trabajar,

4) escoger bien los foros en donde hablamos sobre nuestras posturas político partidistas, y

5) no provocar.

Dialoguemos sobre política partidista en foros en los que haya reglas para una sana convivencia. Tengamos mucho cuidado al utilizar las redes sociales para asumir posturas, porque las mismas dan espacio para malas interpretaciones. Donde hay diversidad de posturas político partidistas, tengamos cuidado con la forma en la que hablamos y nos vestimos.

En Centroamérica tuve la oportunidad de visitar ruinas de la civilización maya. Uno de los edificios, dedicado al líder o gobernante, tenía cinco pisos o estructuras puestas una encima de la otra. El guía nos explicó que cada vez que llegaba un nuevo líder, éste hacía un nuevo edificio sobre el existente, como una forma de que no hubiera rastro del líder anterior y así quitarle valor. ¿Se parece en algo a la historia político partidista de nuestros países?

¿Qué tal si usamos este ejemplo de la civilización maya de forma inversa? En vez de interpretar los pisos o estructuras como formas de quitar valor al líder anterior, podemos verlos como una oportunidad para construir sobre el legado recibido por líderes anteriores; valorando así su trabajo. Como cuerpo de Cristo necesitamos darle al mundo el testimonio al cual Jesús nos invitó en Juan 17:21-23:

> ...para que todos sean uno; como tú, oh Padre, en mí, y yo en ti, que también ellos sean uno en nosotros; para que el mundo crea que tú me enviaste. Yo les he dado la gloria que me diste, para que sean uno, así como nosotros somos uno. Yo en ellos, y tú en mí, para que sean perfectos en unidad, para que el mundo crea que tú me enviaste, y que los has amado a ellos como también a mí me has amado.

El reverendo doctor Martin Luther King Jr. dijo en un reconocido discurso: "Hemos aprendido a volar como los pájaros, a nadar como los peces; pero no hemos aprendido el sencillo arte de vivir como hermanos". Por su parte, Juan Wesley[13] expresó: "Aunque no podamos pensar igual, ¿no podemos acaso amarnos igualmente? ¿No podemos ser de un mismo corazón, aunque no podamos ser de una misma opinión?" y también:

> No des lugar a un solo pensamiento que te lleve a separarte de tus hermanos, no importa si sus opiniones coinciden o no con las tuyas. Solamente

porque alguien no está de acuerdo con todo lo que dices no significa que está pecando. No es ésta o aquella opinión esencial a la obra de Dios. Sé paciente con los que discrepan contigo. No condenes a los que no ven las cosas como tú las ves, o que piensan que es su obligación contradecirte, ya se trate de cosa grande o pequeña. Ten cuidado con la susceptibilidad, la irritabilidad o la renuencia a ser corregido. Ten cuidado con ser provocado a la ira a la menor crítica y con evitar a los que no aceptan tu palabra.

Reconocer el poder de las palabras es entender que el enojo y el odio llevan a insultos, y los insultos destruyen relaciones. Cuando se trata de política partidista, usemos los lentes de la política partidista con cautela y pongamos al reino primero. Reconozcamos el valor sagrado de cada persona, sin importar su postura político partidista, y tomemos distancia de nuestras posturas político partidistas para así evitar los estereotipos, la personalización, el fanatismo e intentar convencer a la gente.

> *Reconocer el poder de las palabras es entender que el enojo y el odio llevan a insultos, y los insultos destruyen relaciones.*

Por encima de nuestras posturas político partidista está el mandato de Jesús de amar y valorar a los demás. Si por razones político partidista nos hemos enojado, hemos comenzado a odiar, hemos insultado o sido violentos, Jesús nos invita a buscar la paz, pedir perdón y restaurar la relación. ¿Divididos por la política partidista? ¡Nunca! Cuando se trata de la política partidista, el reino, la unidad, las relaciones y el amor son primero.

Las palabras y la familia

Uno de los escenarios en donde debemos ser muy cuidadosos al hablar es en nuestras familias. Muchas veces subestimamos el poder de las palabras en nuestras familias, y decimos cosas que destruyen relaciones de toda una vida. En el libro de

Colosenses podemos ver cómo usar nuestras palabras para construir y no destruir relaciones familiares.

Al igual que el libro de Efesios, Colosenses es una carta dirigida a una comunidad cristiana que necesitaba ser guiada y orientada sobre lo que significaba la nueva vida en Cristo. La ciudad de Colosas, ubicada en lo que hoy es Turquía, estaba batallando una serie de falsas doctrinas que le alejaban del verdadero mensaje de Jesús. El apóstol Pablo, al igual que hace en otras cartas, busca educar y guiar a esta comunidad sobre lo que era el verdadero mensaje de Jesús y cómo se debía practicar este mensaje en la vida diaria. Los primeros capítulos de Colosenses son una explicación de quién es Cristo, y los últimos son una explicación de cómo vivir la nueva vida en Cristo. En estos últimos, Pablo habla de la familia.

¿Por qué hizo Pablo una conexión entre la nueva vida en Cristo y la familia?

Para entender esta conexión necesitamos definir brevemente la nueva vida en Cristo y el concepto de familia. La nueva vida en Cristo es la vida que recibimos al creer en Jesucristo, caracterizada por amar a Dios y servir a los demás. Por otro lado, la familia es el principal grupo de apoyo y sostén que tiene un ser humano. En teoría, el propósito de la familia es acompañar y apoyar a un ser humano a lo largo de su vida. Los padres, las madres, tíos, tías, abuelos y abuelas tienen la función principal de guiar, educar y suplir las necesidades básicas de sus hijos, sobrinos y nietos, hasta que tengan la capacidad de sostenerse por sí mismos. Las parejas tienen la función de brindar intimidad, amistad y cuidado a su compañero de vida.

Cuando miramos ambas definiciones, podemos entender cómo se relacionan. Si la nueva vida en Cristo es caracterizada por amar a Dios y servir a los demás, esta debe hacerse una realidad en la familia, el principal grupo de apoyo que tenemos los seres humanos, antes que en cualquier otro. La familia es el escenario primario para amar a Dios y servir a los demás. En 1 Juan 4:20-21 leemos:

> Si alguno dice: «Yo amo a Dios», pero odia a su hermano, es un mentiroso. Pues el que no ama a su hermano a quien ha visto, ¿cómo puede amar a Dios, a quien no ha visto? Nosotros recibimos de él este

mandamiento: El que ama a Dios, ame también a su hermano.

Aunque estos versículos no están hablando literalmente de la familia, sino de nuestros hermanos en la fe, ¿cómo decir que amamos a Dios y servimos a los demás, si no lo hacemos primero con las personas que literalmente son nuestros hermanos, madres, hijas, padres, abuelos y familiares? Algunas personas dicen que el reto más grande que tiene un cristiano es vivir la fe en su familia. Si bien esto es un reto, es también un privilegio el poder demostrar amor a Dios al amar a tu pareja, tus hijos, tus sobrinos y tus nietos; y el poder servir a los demás sirviendo primero a nuestra familia.

Una de las formas en que podemos amar a Dios y servir a nuestras familias es a través de nuestras palabras. Nuestras palabras tienen el poder de apoyar, sostener, levantar, restaurar y sanar nuestras familias, pero también el poder de destruirlas. ¿Qué nos recomienda Pablo para construir y no destruir nuestras familias con nuestras palabras? Los versículos 8 y 9 nos dicen lo que no debemos hacer, y los versículos 12 al 17 lo que sí debemos. En los versículos 8 y 9 (DHH), Pablo nos invita a evitar, entre otras cosas, los insultos, las palabras obscenas y las mentiras:

> Pero ahora dejen todo eso: el enojo, la pasión, la maldad, los insultos y las palabras indecentes. No se mientan los unos a los otros, puesto que ya se han despojado de lo que antes eran y de las cosas que antes hacían...

Es lamentable que los seres humanos decimos más insultos, palabras obscenas y mentiras en nuestras familias que en algún otro lugar. ¿Quieren saber mi teoría de por qué esto ocurre? Cuando se trata de la familia, los seres humanos fallamos en dos asuntos primarios: 1) damos por sentado a nuestras familias, y 2) no tenemos claridad del propósito de la familia.

La familia es el escenario primario para amar a Dios y servir a los demás.

Cuando hablamos de dar por sentado a nuestras familias, me refiero a que con frecuencia los seres humanos creemos que los lazos que unen a nuestras familias son indestructibles; no pueden dañarse, y por consiguiente, durarán para siempre. Llegamos a la conclusión errónea de que porque el matrimonio es para toda la vida, y porque nuestros hijos serán nuestros hijos para toda la vida, podemos insultarnos y mentirnos sin el riesgo de que la relación se dañe o destruya. Esto es un error catastrófico. La calidad de nuestras relaciones familiares se deteriora cada vez que nos insultamos y mentimos, hasta el punto de que las relaciones pueden romperse.

Las relaciones familiares tienen vida, al igual que una planta. Nuestros insultos y mentiras son como un veneno que destruye la planta. Así como no siempre vemos cómo el veneno mata a la planta inmediatamente, sino poco a poco hasta secarla, nuestros insultos y mentiras pueden destruir una relación familiar poco a poco, si no hay un proceso de perdón y reconciliación. No dar por sentado nuestras relaciones familiares es entender que vivir bajo una misma casa o tener el mismo apellido no garantizan la salud y la vida de nuestras relaciones familiares. Las relaciones familiares hay que cuidarlas y nutrirlas con palabras que construyan.

Las únicas palabras que deben salir de nuestra boca hacia un familiar deben ser palabras para apoyar, sostener, animar, nutrir, levantar, restaurar y acompañar.

En segundo lugar, los seres humanos insultamos y mentimos a nuestros familiares porque no tenemos claridad del propósito de la familia. La familia tiene el propósito de apoyar, sostener, animar, nutrir, levantar, restaurar y acompañar a un ser humano. El matrimonio es la oportunidad para ayudar, apoyar y sostener a nuestra pareja para que pueda alcanzar sus metas y realizarse como ser humano. Los padres, las madres y abuelos tienen la oportunidad de fortalecer la autoestima de sus hijos, sobrinos y nietos con cada palabra que dicen, construyendo así un ser humano con la salud emocional necesaria para enfrentar la vida. Las únicas palabras que deben salir de nuestra boca hacia un familiar deben ser palabras para apoyar, sostener, animar, nutrir, levantar, restaurar y acompañar. Cada vez que nos insultamos y mentimos, vamos en contra del propósito de la familia; convirtiendo nuestras palabras en armas que destruyen.

Si las palabras pueden ser veneno que destruye una relación y armas para destruir a una persona, también pueden ser abono que fortalece relaciones y bloques que construyen familias. Colosenses 3:12-17 (NTV) nos provee un listado de cómo hacerlo:

> Dado que Dios los eligió para que sean su pueblo santo y amado por él, ustedes tienen que vestirse de tierna compasión, bondad, humildad, gentileza y paciencia. Sean comprensivos con las faltas de los demás y perdonen a todo el que los ofenda. Recuerden que el Señor los perdonó a ustedes, así que ustedes deben perdonar a otros. Sobre todo, vístanse de amor, lo cual nos une a todos en perfecta armonía. Y que la paz que viene de Cristo gobierne en sus corazones. Pues, como miembros de un mismo cuerpo, ustedes son llamados a vivir en paz. Y sean siempre agradecidos. Que el mensaje de Cristo, con toda su riqueza, llene sus vidas. Enséñense y aconséjense unos a otros con toda la sabiduría que Él da. Canten salmos e himnos y canciones espirituales a Dios con un corazón agradecido. Y todo lo que hagan o digan, háganlo como representantes del Señor Jesús y den gracias a Dios Padre por medio de él.

Fortalecemos relaciones y construimos familias cuando practicamos la compasión (misericordia), bondad (benignidad), humildad, gentileza (mansedumbre), paciencia, comprensión (tolerancia), perdón, amor, paz, agradecimiento, enseñanza, consejos y cánticos espirituales.

¿Cómo practicamos todo esto con palabras?

El Dr. Ira Byock, quien se ha dedicado a estudiar a personas en cuidado paliativo, es decir, personas que están por morir, escribió el libro *Las cuatro cosas que más importan* [14] y dice que hay cuatro frases que son las que más las personas repiten antes de morir: "Perdóname", "Te perdono", "Gracias" y "Te amo". A veces los seres humanos pensamos que siempre habrá un mañana y dejamos de decir las cosas que más importan. La pregunta es, ¿por qué no decir estas frases aquí y ahora? ¿Habrá que esperar hasta el final de nuestra vida y dejar de disfrutar el decirle a alguien cuánto le amamos, que le perdonamos, que estamos agradecidos? Claro que no, y mucho menos en nuestras familias. Proverbios 10:11-12 dice:

> Las palabras de los justos son como una fuente que da vida; las palabras de los perversos encubren intenciones violentas. El odio provoca peleas, pero el amor cubre todas las ofensas.

A veces los seres humanos pensamos que siempre habrá un mañana y dejamos de decir las cosas que más importan.

La familia es el escenario primario para amar a Dios y servir a los demás. Una de las formas en que amamos a Dios y servimos a los demás en nuestras familias es a través de nuestras palabras. Nuestras palabras tienen el poder de construir familias, pero también tienen el poder de destruirlas. No demos por sentado nuestras relaciones familiares y recordemos que el propósito de la familia es apoyar y sostener. Las palabras en mi familia: ¿construyen o destruyen?

El chismoso hiere, el sabio sana

En una ocasión los fariseos le preguntaron a Jesús por qué sus discípulos no se lavaban las manos antes de comer. Jesús les llamó hipócritas, y les dijo:

> Lo que contamina al hombre no es lo que entra por su boca. Por el contrario, lo que contamina al hombre es lo que sale de su boca...lo que sale de la boca, sale del corazón...Porque del corazón salen los malos deseos, los homicidios, los adulterios, las fornicaciones, los robos, los falsos testimonios, las blasfemias. Estas cosas son las que contaminan al hombre. El comer sin lavarse las manos no contamina a nadie (Mateo 15:11,18-20).

Como dice Proverbios 12:18: "Hay gente cuyas palabras son puñaladas, pero la lengua de los sabios sana las heridas".

Se cuenta la historia de una hermana de una iglesia que había echado a rodar por el vecindario un chisme infundado acerca de otro hermano de su iglesia. Todos los habitantes del pueblo se enteraron de lo que supuestamente había hecho aquel hermano. Algún tiempo después, la mujer que corrió el chisme se enfermó gravemente y temiendo que iba a morir confesó que lo que había dicho sobre el hermano de la iglesia era falso. Gracias a Dios no murió y más bien, recuperó la salud.

Arrepentida por lo que había hecho, la mujer se fue a buscar al hermano en su casa a rogar que le perdonara. El hermano le dijo:

— Con mucho gusto le perdonaré siempre y cuando me complazca un deseo.

— Por supuesto –dijo la mujer.

El hermano prosiguió diciendo:

—Vaya a su casa, mate una gallina, sáquele todas las plumas, póngalas en una canasta y tráigalas acá.

La mujer regresó en una media hora.

—Aquí está lo que me pidió –le dijo al hermano. Este miró la canasta llena de plumas de la gallina y dijo:

—Muy bien, ahora quiero que vaya a cada esquina del pueblo y arroje un puñado de esas plumas, las que sobren llévelas a la parte más alta de la torre de la iglesia y arrójelas al viento y luego venga a verme nuevamente.

La mujer hizo exactamente como el hermano le pidió. Cuando regresó donde el hermano con la canasta vacía, el hermano le dijo: –Ahora quiero que vaya por todo el pueblo y recoja todas las plumas que arrojó sin que falte una sola.

La mujer se quedó mirando la cara del hermano y dijo:

—¿Qué? ¡Eso es imposible! El viento habrá llevado las plumas quién sabe a dónde.

Poniendo su brazo sobre el hombro de la mujer, el hermano le dijo:

—Así es querida hermana. Yo le perdono por chismear contra mí, pero nunca olvide que es imposible arreglar el daño que puede causar un chisme.

Resumen: Las palabras

1. Nuestras palabras pueden ser como algodones que acarician el corazón de otra persona, o como balas que lo hieren.

2. El chisme es una crítica sobre alguien sin que esa persona esté presente. En el lenguaje de la psicología se le conoce como triangulación: cuando una persona no se comunica directamente con quien tiene algún asunto, pero sí se comunica con una tercera persona.

3. Si no tenemos algo bueno que decir de alguien, mejor no decimos nada.

4. El chisme hace daño a la persona que lo dice, a la persona que lo recibe y a la persona de quien se habla.

5. Algunas razones por las cuales los seres humanos practicamos el chisme son: es una conducta aprendida, ignorancia, querer hacer daño, curiosidad de alto nivel, necesidad de enfocarnos en las debilidades de las personas como una estrategia para intentar sentirnos bien debido a nuestra pobre autoestima, el aburrimiento y carencia de herramientas para manejar conflictos.

6. Evitamos el chisme cuando huimos de los escenarios en donde se promueve el chisme, evaluamos nuestras conversaciones, perdonamos y dejamos a un lado el rencor, manejamos nuestra curiosidad, magnificamos lo bueno de la gente y minimizamos sus debilidades y evitamos el aburrimiento y la triangulación.

7. Cuando surge alguna diferencia en la iglesia o algo causa noticia, necesitamos ser lentos para hablar, entendiendo que nuestras palabras pueden destruir, y que somos llamados a solo decir palabras que construyan.

8. No se puede pensar y actuar bien cuando todo lo vemos desde la perspectiva política. Quitarse los lentes de la política es entender que por encima de las posturas políticas, Jesús nos llama a darle valor a cada

ser humano y a amarle.

9. Poner las relaciones por encima de las posturas político partidistas incluye: 1) escuchar antes de hablar, 2) ver algo positivo en las posturas de otras personas, 3) buscar puntos medios o en común con los cuales podamos trabajar, 4) escoger bien los foros en donde hablamos sobre nuestras posturas político partidistas (dialoguemos sobre política partidista en foros en los que haya reglas para una sana convivencia; eso incluye tener mucho cuidado al utilizar las redes sociales para asumir posturas, porque las mismas dan espacio para malas interpretaciones), y 5) no provocar, tener cuidado con la forma en que hablamos y nos vestimos en lugares en donde hay diversidad de posturas político partidistas.

10. "Aunque no podamos pensar igual, ¿no podemos acaso amarnos igualmente? ¿No podemos ser de un mismo corazón, aunque no podamos ser de una misma opinión?" –Juan Wesley

11. Las relaciones familiares tienen vida, al igual que una planta. Nuestros insultos y mentiras son como este veneno que destruye la planta. Así como no siempre vemos cómo el veneno mata a la planta inmediatamente (sino poco a poco hasta secarla), nuestros insultos y mentiras pueden destruir una relación familiar poco a poco, si no hay un proceso de perdón y reconciliación.

12. Las únicas palabras que deben salir de nuestra boca hacia un familiar deben ser palabras para apoyar, sostener, animar, nutrir, levantar, restaurar y acompañar. Cada vez que nos insultamos y mentimos, vamos en contra del propósito de la familia; convirtiendo nuestras palabras en armas que destruyen.

13. El chismoso hiere, el sabio sana.

Guía de estudio para uso individual o grupos pequeños

1. El autor afirma que "nuestras palabras pueden ser como algodones que acarician el corazón de otra persona, o como balas que lo hieren". ¿Qué experiencias puedes recordar en que las palabras fueron como algodones que acarician o balas que hieren?

2. El autor afirma que "el chisme es una crítica sobre alguien sin que esa persona esté presente. En el lenguaje de la psicología se le conoce como triangulación: cuando una persona no se comunica directamente con quién tiene algún asunto, pero sí se comunica con una tercera persona". ¿Qué te parece esta definición del chisme?

3. Luego de definir el chisme, el autor menciona algunas formas en que el chisme hace daño. ¿Puedes añadir algunas otras adicionales?

4. El autor menciona algunas razones por las cuales los seres humanos practicamos el chisme. ¿Puedes añadir algunas otras adicionales?

5. ¿Qué te parecen las formas en que podemos evitar el chisme? ¿Cuál te llama más la atención? ¿Puedes añadir otras formas de evitar el chisme?

6. El autor afirma que "cuando surge alguna diferencia en la iglesia o algo causa noticia, necesitamos ser lentos para hablar, entendiendo que nuestras palabras pueden destruir, y que somos llamados a solo decir palabras que construyan". ¿Has tenido la experiencia de manejar una situación de chisme en la iglesia? ¿Cómo se han manejado las diferencias? ¿Cómo las palabras han destruido o construido relaciones?

7. El autor afirma que "no se puede pensar y actuar bien cuando todo lo vemos desde la perspectiva política. Quitarse los lentes de la política es entender que por encima de las posturas políticas, Jesús nos llama a darle valor a cada ser humano y a amarle". ¿Has tenido

la experiencia de quitarte los lentes de la política y darle valor a alguna persona que piensa diferente a ti en asuntos políticos? ¿Cómo ha sido la experiencia?

8. El autor afirma que "poner las relaciones por encima de las posturas político partidistas incluye: 1) escuchar antes de hablar, 2) ver algo positivo en las posturas de otras personas, 3) buscar puntos medios o en común con los cuales podamos trabajar, 4) escoger bien los foros en donde hablamos sobre nuestras posturas político partidista, y 5) no provocar, tener cuidado con la forma en que hablamos y nos vestimos en lugares en donde hay diversidad de posturas político partidistas". ¿Cuáles de esas sugerencias puedes poner en práctica hoy en tus relaciones con personas que piensan diferente a ti?

9. El autor presenta la siguiente cita de Juan Wesley: "Aunque no podamos pensar igual, ¿no podemos acaso amarnos igualmente? ¿No podemos ser de un mismo corazón, aunque no podamos ser de una misma opinión?" ¿Cómo crees que esta cita puede hacerse una realidad cuando tenemos diferencias político partidistas?

10. El autor afirma que "las relaciones familiares tienen vida, al igual que una planta. Nuestros insultos y mentiras son como un veneno que destruye la planta. Así como no siempre vemos cómo el veneno mata a la planta inmediatamente (sino poco a poco hasta secarla), nuestros insultos y mentiras pueden destruir una relación familiar poco a poco, si no hay un proceso de perdón y reconciliación". ¿Estás de acuerdo con el autor? ¿Cómo las palabras pueden destruir una familia?

11. El autor afirma que "las únicas palabras que deben salir de nuestra boca hacia un familiar deben ser palabras para apoyar, sostener, animar, nutrir, levantar, restaurar y acompañar. Cada vez que nos insultamos y mentimos, vamos en contra del propósito de la familia; convirtiendo nuestras palabras en armas que destruyen". ¿Cómo evalúas tu forma de hablar hacia tu familia? ¿Tus palabras construyen o destruyen?

12. El autor afirma que "el chismoso hiere, el sabio sana". ¿Cómo tus palabras han herido a alguien recientemente? ¿Cómo tus palabras pueden sanar y restaurar esa relación?

PARTE 3

EL DINERO

"Da con generosidad y serás más rico;
sé tacaño y lo perderás todo.
El generoso prosperará,
y el que reanima a otros será reanimado".
Proverbios 11:24-25

os Proverbios nos enseñan dos caminos en la vida: el de la insensatez y el de la sabiduría. El camino de la insensatez nos dice que somos lo que tenemos y que seremos felices cuando tengamos posesiones materiales. Por otro lado, el camino de la sabiduría nos enseña que "la vida del hombre no depende de los muchos bienes que posea" y que "dar siempre es mejor que recibir". Por tanto, una de las transformaciones que Dios desea hacer en cada uno de nosotros tiene que ver con la forma en que manejamos el dinero.

Es mejor dar que recibir

¿Podemos recordar alguna ocasión en que alguien fue generoso con nosotros? ¿Cómo nos sentimos? ¿Cuál fue el resultado de la generosidad de esa persona?

Hasta el día de hoy no puedo olvidar cuando uno de mis mejores amigos, quien vive lejos de mí, fue hasta mi casa en el momento en que yo vivía una gran crisis. Me recogió, me llevó a su casa, estuve el fin de semana con su familia, y luego me regresó a mi casa el domingo. Tampoco puedo olvidar ese mismo año cuando un familiar se acercó a mí y me dio una cantidad de dinero para resolver varios asuntos pendientes. La generosidad de tiempo y dinero de ambas personas me marcó para toda la vida. No solo suplió unas necesidades, sino tambíen me hizo recordar que Dios estaba conmigo.

Por otro lado, ¿podemos recordar alguna ocasión en que fuimos generosos con alguien? ¿Cómo nos sentimos? ¿Qué impacto tuvo en nosotros nuestra generosidad?

Una de las experiencias más extraordinarias que he vivido fue hace casi un año atrás cuando tuve la oportunidad de regalarle mi automóvil a unos hermanos de nuestra iglesia. Yo llevaba años con el deseo de celebrar la Navidad como un tiempo para servir y dar, en vez de llenarme de ansiedad comprando regalos. El regalar aquel carro me transformó y me liberó de la presión que el comercio nos produce de celebrar la Navidad de una forma consumista. No solo me transformó a mí, sino que mi esposa Heidy y yo decidimos que durante la época navideña no vamos a invertir nuestro tiempo y dinero en centros comerciales, sino en oportunidades para servir.

Otra de las experiencias tuvo lugar cuando realicé un viaje misionero al hermoso país de Bolivia. Al llegar, tan pronto conocí al Obispo de la Iglesia Evangélica Metodista en Bolivia, sentí el deseo de regalarle mi estola pastoral. La estola es la pieza de la vestimenta pastoral que distingue a un ministro ordenado en la iglesia metodista. Cada vez que viajo al extranjero busco comprar estolas que han sido tejidas a mano y son muy valiosas para mí. Al sentir en mi corazón que debía regalarle mi estola al Obispo, no pude hacerlo de primera intención.

Dos días después, un hermano boliviano se me acercó para decirme que el Obispo necesitaba una estola para su participación, y me solicitó que le prestara la mía. En ese momento entendí que era la voz de Dios la que me invitaba a regalarle mi estola al Obispo, y así lo hice. ¡Confieso que me dolió desapegarme de mi estola favorita! Sin embargo, me llené de gozo al saber que estaba siendo un instrumento para suplir la necesidad de un hermano en la fe.

Mi experiencia ha sido que dar es mejor que recibir porque transforma a la que persona que recibe, como a la persona que da. Ahora bien, necesitamos tener razones saludables para ser generosos y practicar la disciplina espiritual de dar. En el mundo, y lamentablemente en algunas iglesias, se nos enseña a dar por razones incorrectas. Por eso que quiero compartir siete razones teológicamente saludables y bíblicamente fundamentadas por las que debemos practicar la disciplina espiritual de dar.

En primer lugar, porque todo es de Dios; no somos dueños, sino administradores. El Salmo 24:1 dice: "¡Del Señor son la tierra y su plenitud! ¡Del Señor son el mundo y sus habitantes!". A veces decimos, "yo soy quien me gano el dinero, y yo lo uso a mi manera". Desde la perspectiva del cristiano, eso es incorrecto. La Biblia nos enseña que Dios es el dueño de todo lo que tenemos, y por tanto somos llamados a administrar lo que se nos ha delegado según el dueño espera que lo hagamos. Como administradores, nuestras prioridades no son lo importante a la hora de administrar, sino las prioridades de Dios. Dios está en el centro, y no nosotros.

En segundo lugar, porque Dios es generoso y debemos imitarlo. Juan 3:16 dice: "Porque de tal manera amó Dios al mundo, que ha dado a su hijo unigénito, para que todo aquel que en él cree no se pierda, sino que tenga vida eterna". ¡Todo lo que tenemos es un regalo de Dios! La creación y la vida misma son regalos de Dios. Sobre todo, nos ha regalado a Cristo Jesús, quien a su vez imitó al Padre al ser generoso. Debido a que somos hechos a imagen y semejanza de Dios, la generosidad es parte de nuestra esencia y una forma de imitarle.

En tercer lugar, porque ya Dios nos ha dado, y tenemos suficiente para dar. Juan 6:1-15 nos narra cómo Jesús multiplicó cinco panes y dos pescados, y cinco mil personas fueron alimentadas. ¿Quieren saber cómo se da este milagro? El versículo 9 nos dice: "Aquí está un niño, que tiene cinco panes de cebada y dos pescados pequeños; pero ¿qué es esto para tanta gente?". El milagro de la alimentación de los cinco mil se dio porque un niño decidió dar lo poco que tenía para bendecir a una multitud. Algunos comentaristas de la Biblia afirman que el milagro de la alimentación se da cuando la multitud vio que el niño se desprendió de lo poco que tenía para bendecir a los demás, y entonces ellos comenzaron a sacar lo poco que tenían para compartirlo entre todos. Otros comentaristas afirman que Jesús multiplicó los cinco panes y dos pescados que el niño ofreció. En ambos casos, el milagro tuvo un inicio: la generosidad del niño.

Hay que salir de la mentalidad de la escasez, y adquirir una mentalidad de abundancia. El niño y Jesús nos invitan a ver el vaso medio lleno, en vez de medio vacío. Ahora bien, la teología de la abundancia no es lo mismo que la teología de la prosperidad. La prosperidad dice: voy a dar para que Dios cumpla mis deseos; doy para que Dios me dé. Es una mentalidad de estar esperando algo de Dios cuando damos. La abundancia dice: voy a dar porque ya Dios me dio. Además, la mentalidad de abundancia nos lleva a dar porque "mi Dios suplirá todo lo que les falte, conforme a sus riquezas en gloria en Cristo Jesús", según leemos en Filipenses 4:19.

> *Hay que salir de la mentalidad de la escasez, y adquirir una mentalidad de abundancia.*

La prosperidad mira el vaso medio vacío porque está enfocada en recibir algo, mientras que la abundancia mira el vaso medio lleno porque ya Dios nos ha dado, y tenemos suficiente para dar y ser instrumentos de bendición para otras personas, tal y como lo fue el niño. La abundancia cree que los milagros vienen cuando damos.

En cuarto lugar, porque es una forma de adorar a Dios.

Hebreos 13:16 dice: "No se olviden de hacer bien ni de la ayuda mutua, porque éstos son los sacrificios que agradan a Dios". Antes de que Jesús llegara al mundo, las personas ofrecían sacrificios como ofrendas a Dios, ya fueran animales o granos, en actos de adoración. Ahora no hacemos esos sacrificios porque Cristo mismo fue el máximo sacrificio en la cruz. Nuestra vida entera es la mejor forma de adoración. ¿Cómo adoramos a Dios con nuestra vida entera? Dando lo mejor de nuestro tiempo, energía y dinero para sus propósitos.

En quinto lugar, porque es una disciplina espiritual que nos transforma. Lucas 12 nos relata una historia que Jesús contó:

> Un hombre rico tenía un campo fértil que producía buenas cosechas. Se dijo a sí mismo: "¿Qué debo hacer? No tengo lugar para almacenar todas mis cosechas". Entonces pensó: "Ya sé. Tiraré abajo mis graneros y construiré unos más grandes. Así tendré lugar suficiente para almacenar todo mi trigo y mis otros bienes. Luego me pondré cómodo y me diré a mí mismo: 'Amigo mío, tienes almacenado para muchos años. ¡Relájate! ¡Come y bebe y diviértete!". »Pero Dios le dijo: "¡Necio! Vas a morir esta misma noche. ¿Y quién se quedará con todo aquello por lo que has trabajado?". »Así es, el que almacena riquezas terrenales pero no es rico en su relación con Dios es un necio».

La conducta del granjero es contraria a la del niño que entregó todo lo que tenía para alimentar a una multitud. El granjero decidió guardar por miedo a perder, mientras que el niño lo dio todo, confiando en que Dios iba a suplir. La seguridad del granjero estaba en sus posesiones, pero la seguridad del niño, en Dios. Cuando un ser humano pone su seguridad en el dinero y no en Dios eso se llama idolatría. Jesús bien lo dijo en Mateo 6:24: "Nadie puede servir a dos amos, pues odiará a uno

Dar transforma la ansiedad en paz y el miedo en fe, en la medida en que no dependemos de nuestras posesiones, sino de Dios.

y amará al otro, o estimará a uno y menospreciará al otro. Ustedes no pueden servir a Dios y a las riquezas".

Al igual que las disciplinas de la oración, la lectura de las Escrituras, congregarnos y el servicio, dar es una práctica que nos ayuda a no caer en la tentación de la codicia, el consumismo y el acumular posesiones. Dar transforma la ansiedad en paz y el miedo en fe, en la medida en que no dependemos de nuestras posesiones, sino de Dios. Cuando damos hacemos real en nuestra vida lo que dice Hebreos 13:5: "Vivan sin ambicionar el dinero. Más bien, confórmense con lo que ahora tienen, porque Dios ha dicho: «No te desampararé, ni te abandonaré". Dar nos libera, porque Dios suplirá.

En sexto lugar, porque es una forma de evidenciar nuestra fe. Mateo 5:16 dice: "De la misma manera, que la luz de ustedes alumbre delante de todos, para que todos vean sus buenas obras y glorifiquen a su Padre, que está en los cielos". Además, Santiago 3:14-17 dice:

> Hermanos míos, ¿de qué sirve decir que se tiene fe, si no se tienen obras? ¿Acaso esa fe puede salvar? Si un hermano o una hermana están desnudos, y no tienen el alimento necesario para cada día, y alguno de ustedes les dice: «Vayan tranquilos; abríguense y coman hasta quedar satisfechos», pero no les da lo necesario para el cuerpo, ¿de qué sirve eso? Lo mismo sucede con la fe: si no tiene obras, está muerta.

Nuestra fe debe incluir obras, no para salvación, sino como una forma de evidenciar nuestro compromiso con Dios y el prójimo. Dar es una expresión concreta de nuestra fe.

Séptimo y último lugar, porque nos permite ser parte de la misión de Dios. 1 Juan 3:17 dice: "Pero, ¿cómo puede habitar el amor de Dios en aquel que tiene bienes de este mundo y ve a su hermano pasar necesidad, y le cierra su corazón?". Además, Hechos 2:45 dice que los cristianos "vendían sus propiedades y posesiones, y todo lo compartían entre todos, según las necesidades de cada uno". Dios está actuando en el mundo, y no depende de nosotros para hacerlo. Cada vez que damos nuestros recursos y dinero nos unimos al propósito de Dios de transformar todo lo creado. Dios está sanando, restaurando,

> *Nuestra fe debe incluir obras, no para la salvación, sino como una forma de evidenciar nuestro compromiso con Dios y el prójimo.*

salvando y rescatando a la humanidad. Cada vez que damos nuestros recursos y dinero nos unimos al propósito Dios de transformar todo lo creado.

Cuando miramos la televisión, las revistas y las redes sociales, vemos publicidad que nos dice que somos lo que tenemos y que seremos felices cuando tengamos lo que ellos anuncian. Sin embargo, Jesús dijo en Lucas 12:15: "Manténganse atentos y cuídense de toda avaricia, porque la vida del hombre no depende de los muchos bienes que posea". Además, dijo en Mateo 16:26: "Porque ¿de qué le sirve a uno ganarse todo el mundo, si pierde su alma?". Pablo también nos dice en Hechos 20:35: "Siempre les enseñé, y ustedes lo aprendieron, que a los necesitados se les ayuda trabajando como he trabajado yo, y recordando las palabras del Señor Jesús, que dijo: "Hay más bendición en dar que en recibir".

Hace un tiempo atrás le solicité a algunos de los miembros de nuestra iglesia que contestaran la siguiente pregunta: ¿Cómo dar ha transformado tu vida? Dos de las respuestas fueron:

> "...se siente maravilloso cuando te das cuenta que con tan solo un poquito de lo que tú y otras personas dan se pueden lograr grandes cosas".

> "...me ha ayudado a depender más del Señor y a bendecir a otros con las bendiciones que a Él le ha placido darme".

¿Cómo dar ha transformado tu vida? Dar siempre es mejor que recibir porque las posesiones no traen felicidad, sino lo que hacemos con ellas. En particular, el dinero no es un fin en sí mismo, sino un medio para hacer el bien o el mal.

Un dinero con propósito

Si yo les preguntara cuántos de ustedes pagarían $30 por comer sushi, ¿cuántos dirían que sí? Aunque el sushi es mi comida favorita, reconozco que es una comida costosa (en comparación con otras), y además que no es la favorita de muchas personas. Aun así, para mí vale la pena ir a comer sushi,

> *El dinero no es un fin en sí mismo, sino un medio que nos ayuda a alcanzar una meta.*

y gastar mi dinero en esta comida, aunque solo lo pueda hacer en ocasiones especiales.

No hay duda de que todos tenemos una lista de las cosas, actividades o escenarios en que no tenemos mayores inconvenientes para gastar e invertir nuestro tiempo, energías y dinero. Estas cosas, actividades o escenarios en las cuales invertimos sin mayores obstáculos se llaman prioridades. Para un matrimonio que acaba de tener un bebé, muy probablemente ese hijo será una prioridad; para un atleta, un buen par de tenis; para un profesor, la compra de libros, etc.

Los seres humanos no siempre decidimos nuestras prioridades conscientemente. Podemos decir que tenemos ciertas prioridades, pero cuando analizamos cómo invertimos nuestro tiempo, energías y dinero, descubrimos que nuestras prioridades son diferentes a las que pensábamos. Las prioridades, entonces, son cosas, actividades o escenarios que se llevan lo mejor de nosotros, ya sea consciente o inconscientemente.

El mismo Jesús tuvo prioridades: orar al Padre, sanar, salvar, educar, confrontar al liderato religioso y predicar, entre otras cosas. Si fuéramos a hacer una lista de los asuntos, actividades o escenarios que los cristianos deberíamos tener como prioridades, ¿qué escribiríamos?

Dentro de nuestras prioridades sin duda habría diversidad de cosas. No obstante, hay algo que las conectaría: serían asuntos, actividades o escenarios directamente relacionados con amar a Dios, amar al prójimo, amarnos a nosotros mismos, y amar la creación; eso es la esencia del evangelio de Cristo. Serían asuntos, actividades o escenarios que tengan que ver con la nueva vida en Cristo, tal y como nos dice Colosenses 3:1-2:

> Puesto que ustedes ya han resucitado con Cristo, busquen las cosas de arriba, donde está Cristo sentado a la derecha de Dios. Pongan la mira en las cosas del cielo, y no en las de la tierra.

Cuando hablamos de dinero, es importante establecer que el dinero no es un fin en sí mismo, sino un medio que nos ayuda a alcanzar una meta. La forma en que administramos el dinero refleja nuestras prioridades. El dinero nos ayuda a alimentarnos, proveerle educación a nuestros hijos, tener una casa o un carro, tener vacaciones o suplir alguna necesidad en la comunidad. El dinero tampoco es malo ni bueno, sino que nosotros usamos el dinero para propósitos que valen la pena o que no lo valen, para hacer el bien o hacer el mal. Es decir, el dinero no tiene propósito en sí mismo, sino que nosotros le damos propósito al dinero. Ante esta realidad de que somos nosotros los que le damos propósito al dinero, es importante tener algo más que dinero: *sabiduría*.

No necesitamos dinero, necesitamos sabiduría

1 Reyes 3 nos presenta a Salomón, hijo del rey David, quien sustituyó a su padre en el trono. Un día, Jehová se le apareció a Salomón en un sueño y le dijo: "Pídeme lo que quieras que yo te conceda" (v.5). ¿Qué usted hubiera pedido, si hubiera estado en la posición de Salomón? De todas las cosas que Salomón pudo haber pedido, solo pidió una: "Te pido que me des un corazón con mucho entendimiento para gobernar a tu pueblo y para discernir entre lo bueno y lo malo". En una sola palabra, Salomón pidió sabiduría.

Cuando hablamos de dinero, no hay duda de que necesitamos sabiduría para discernir cómo administrarlo. Proverbios 3:13-14 dice: "¡Dichoso el que halla la sabiduría y se encuentra con la inteligencia! ¡Son más provechosas que la plata! ¡Sus frutos son más valiosos que el oro refinado!". Ya sea que tengamos mucho o poco, según nuestros estándares, necesitamos dirección a la hora de tomar decisiones financieras. Evidencia de que necesitamos sabiduría son nuestras tarjetas de crédito con deudas impagables; gastos grandes que en muchos casos son innecesarios; artículos de gran valor en nuestra casa; préstamos mal tomados de los cuales todavía nos arrepentimos, entre otras cosas. Manejar el dinero sin sabiduría es un peligro.

> *Cuando hablamos de dinero, no hay duda que necesitamos sabiduría para discernir cómo administrarlo.*

Si la sabiduría es necesaria, ¿dónde la encontramos? Santiago 1:5 dice: "Si alguno de ustedes requiere de sabiduría, pídasela a Dios, y él se la dará, pues Dios se la da a todos en abundancia y sin hacer ningún reproche", mientras que Proverbios 1:7 dice: "El principio de la sabiduría es el temor al Señor". Dios es la fuente de sabiduría, y la sabiduría es temor a Dios, o el reconocimiento de que necesitamos de Dios en todo lo que hacemos en la vida. Al hablar de dinero, sabiduría financiera es emplear nuestro dinero de maneras que vayan a la par con los propósitos de Dios. ¿Cuáles son esos propósitos de Dios para el dinero? Veamos que nos tiene que decir Jesús acerca del dinero y cómo administrarlo.

El dinero y Jesús

El tema del dinero y las riquezas es frecuente en la Biblia. Tanto en el Antiguo Testamento como en el Nuevo Testamento se habla de que existe una relación directa entre nuestras creencias y cómo administramos nuestras posesiones y riquezas. En el AT, Jehová invitó al pueblo a dar ofrendas para ayudar a las viudas, los pobres y los extranjeros. Jesús dijo que la forma en que gastamos nuestro dinero refleja nuestras prioridades en la vida. En Mateo 6:19-21,24 Él dijo:

> No acumulen ustedes tesoros en la tierra, donde la polilla y el óxido corroen, y donde los ladrones minan y hurtan. Por el contrario, acumulen tesoros en el cielo, donde ni la polilla ni el óxido corroen, y donde los ladrones no minan ni hurtan. Pues donde esté tu tesoro, allí estará también tu corazón. Nadie puede servir a dos amos, pues odiará a uno y amará al otro, o estimará a uno y menospreciará al otro. Ustedes no pueden servir a Dios y a las riquezas.

El contexto en que Jesús dice estas palabras es muy interesante porque no ha cambiado mucho hasta el día de hoy. En aquella época la gente era juzgada por la cantidad de sus posesiones y riquezas. El valor de una persona estaba directamente relacionado con las posesiones y riquezas que tenía, y muestra de la bendición de Dios. Si tenías mucho, eras mucho; si tenías poco, eras poco. Era natural que la gente quisiera adquirir riquezas, para llegar a un mejor estatus social. Dentro de este contexto, Jesús les quiso enseñar varias lecciones.

En primer lugar, no debían darse valor como personas por la cantidad de posesiones y riquezas que tenían, porque en cualquier momento las podían perder. El versículo 19 dice: "No acumulen ustedes tesoros en la tierra, donde la polilla y el óxido corroen, y donde los ladrones minan y hurtan". Lo que la polilla y el óxido corroían en aquella época era la ropa y la comida. Por eso Jesús les invita a no acumular ropa ni comida, porque lo podían perder fácilmente. Además, Jesús les dice que si la polilla y el óxido no les dañaban sus posesiones, un ladrón podía robárselas. Darse valor por sus posesiones era un riesgo, porque bajo esa forma de pensar, su valor cambiaría al momento de cambiar sus riquezas.

En segundo lugar, Jesús les dice que la gente podía juzgarles por las posesiones y riquezas que pudieran tener, pero que Él les juzgaría por lo que hicieron con esas posesiones y riquezas. El versículo 20 dice: "Por el contrario, acumulen tesoros en el cielo, donde ni la polilla ni el óxido corroen, y donde los ladrones no minan ni hurtan". Jesús les dijo que sus posesiones y riquezas no eran un fin en sí mismas, sino un medio para lograr propósitos particulares.

El dinero podía usarse para hacer tesoros en la tierra o para hacer tesoros en cielo. Con esto les quiso decir que el dinero podía usarse para construir o para destruir, para adelantar el reino de Dios o atrasarlo, para el beneficio propio o para el beneficio de los demás. Además, terminó diciéndoles que la forma en que usaran el dinero reflejaría si su prioridad era para su beneficio propio, o para el beneficio de los demás: "Pues donde esté tu tesoro, allí estará también tu corazón" (v.21).

En tercer lugar, Jesús les dice que si decidían hacer tesoros en la tierra, es decir usar el dinero para beneficio propio, estarían adorando sus riquezas y no a Dios. Por otro lado, si decidían hacer tesoros en el cielo al usar el dinero para beneficio de los demás, estarían adorando a Dios con sus riquezas. *Es decir, podían adorar sus riquezas, o adorar a Dios con sus riquezas.* El versículo 24 dice: "Nadie puede servir a dos amos, pues odiará a uno y amará al otro, o estimará a uno y menospreciará al otro. Ustedes no pueden servir a Dios y a las riquezas". La palabra griega utilizada en esta ocasión es mammon, que significa riquezas, y Jesús la utiliza para hablar de las riquezas como un ídolo o dios al que podemos adorar.

¿Qué quiso decir Jesús sobre las riquezas en este pasaje bíblico? Primero, que las riquezas no son un fin en sí mismas, sino un medio para suplir nuestras necesidades y las de los demás. Segundo, que las riquezas no tienen un propósito particular en sí mismas, sino que nosotros somos los que damos propósito a nuestras riquezas. Tercero, que Dios no nos va a juzgar por la cantidad de nuestras riquezas, sino por el propósito que le dimos a las mismas.

¿Qué propósito Dios desea que le demos a nuestras riquezas? Dios espera que usemos nuestro dinero para hacer tesoros en el cielo. ¿Qué significa hacer tesoros en el cielo? Jesús resumió el evangelio en dos temas: amar a Dios y amar al prójimo. Hacemos tesoros en el cielo cuando usamos el dinero para glorificar a Dios y servir a los que están en necesidad. Hacemos tesoros cuando usamos nuestro dinero para que otras personas conozcan, amen y sirvan a Dios y se conviertan así en discípulos de Cristo que transformen el mundo. Hacemos tesoros en el cielo cuando usamos nuestro dinero para que más vidas sean transformadas por el evangelio de Jesús.

Jesús dijo algo muy importante acerca de cómo usamos nuestro dinero: Si no hacemos tesoros en el cielo para glorificar a Dios y servir a quienes están en necesidad, estamos haciendo tesoros en la tierra. No es posible servir a Dios y a las riquezas a la misma vez. Esto implica que el ser humano no tan solo está instruido a hacer tesoros en el cielo, sino también a dejar de hacer tesoros en la tierra; no podemos hacer las dos cosas a la vez.

Este es el reto que nos trae Jesús: invertir nuestro dinero para glorificar a Dios y servir a los que están en necesidad, y dejar de invertir en aquellos asuntos que no glorifican a Dios ni sirven a los que están en necesidad. Jesús nos reta a establecer prioridades a la hora de gastar nuestro dinero. Sin prioridades, nuestro dinero puede invertirse muy fácilmente en hacer tesoros en la tierra, y nos quedamos entonces sin la oportunidad de hacer tesoros en el cielo, porque simplemente ya no tenemos dinero.

¿Tendrán las palabras de Jesús pertinencia y relevancia para nosotros hoy? No hay duda. La polilla y óxido (moho) siguen dañándolo todo. Con la misma facilidad con que la gente de la época de Jesús podía perderlo todo, nosotros hoy día podemos perderlo todo en un segundo.

Durante el proceso de producir este libro el huracán María, categoría cinco, azotó la isla de Puerto Rico. Fue un evento catastrófico en el cual miles de personas perdieron sus hogares y posesiones. Perder nuestras riquezas y posesiones es una posibilidad real, y nuestro valor y seguridad como personas no puede estar en nuestras riquezas y posesiones, sino en Dios. Jesús dijo en Lucas 12:15: "Manténganse atentos y cuídense de toda avaricia, porque la vida del hombre no depende de los muchos bienes que posea".

Como ejemplo personal, mi reto no es solamente aportar con mi dinero a la misión de la iglesia y a organizaciones alrededor del mundo que sirven a quienes están en necesidad; mi reto también es dejar de invertir en ropa y artículos electrónicos que no necesito. Los anuncios y las tiendas continuamente me hacen creer que me hace falta algo, y cuando voy a algún

> *Este es el reto que nos trae Jesús: invertir nuestro dinero para glorificar a Dios y servir a los que están en necesidad.*

centro comercial, me veo en la tentación de comprar cosas que no necesito. Yo quiero aportar a la misión de la iglesia y a organizaciones que sirven al necesitado, pero tengo que establecer prioridades y estar pendiente de no gastar mi dinero en ropa y aparatos electrónicos que no necesito. Con eso, entonces, puedo invertir en la misión de la iglesia y en servir a los demás. Lucho con dejar de invertir en aquellas cosas menos importantes, para tener dinero para invertir en lo que vale la pena: glorificar a Dios y servir al necesitado. ¿Te identificas conmigo? Algunos textos bíblicos en los que Jesús habla de dinero son:

> Manténganse atentos y cuídense de toda avaricia, porque la vida del hombre no depende de los muchos bienes que posea (Lucas 12:15);

> Vendan sus posesiones y den a los que pasan necesidad. ¡Eso almacenará tesoros para ustedes en el cielo! (Lucas 12:33);

Ningún siervo puede servir a dos señores, porque a uno lo odiará y al otro lo amará. O bien, estimará a uno y menospreciará al otro. Así que ustedes no pueden servir a Dios y a las riquezas. (Lucas 16:13); y

Es más fácil que un camello pase por el ojo de una aguja, a que un rico entre en el reino de Dios (Marcos 10:25).

Otros textos bíblicos adicionales a las palabras de Jesús en cuanto al dinero son:

Los que aman el dinero nunca tendrán suficiente. ¡Qué absurdo es pensar que las riquezas traen verdadera felicidad! Cuanto más tengas, más se te acercará la gente para ayudarte a gastarlo. Por lo tanto, ¿de qué sirven las riquezas? (Eclesiastés 5:10-11).

Enséñales a los ricos de este mundo que no sean orgullosos ni que confíen en su dinero, el cual es tan inestable. Deberían depositar su confianza en Dios, quien nos da en abundancia todo lo que necesitamos para que lo disfrutemos. Diles que usen su dinero para hacer el bien. Deberían ser ricos en buenas acciones, generosos con los que pasan necesidad y estar siempre dispuestos a compartir con otros. De esa manera, al hacer esto, acumularán su tesoro como un buen fundamento para el futuro, a fin de poder experimentar lo que es la vida verdadera (1 Timoteo 6:17-19).

Sé vivir con limitaciones, y también sé tener abundancia; en todo y por todo estoy enseñado, tanto para estar satisfecho como para tener hambre, lo mismo para tener abundancia que para sufrir necesidad; ¡todo lo puedo en Cristo que me fortalece! (Filipenses 4:12-13).

Al analizar la Biblia, y en particular las palabras de Jesús, sobre el dinero, las enseñanzas son:
1. el dinero en sí mismo no trae felicidad (Eclesiastés 5);
2. el dinero es un medio no un fin, y ese fin es hacer

el bien (1 Timoteo 6);

3. hay que vivir de forma sencilla, porque prosperidad no es tener mucho, sino lo necesario para vivir (Filipenses 4);

4. hay que evitar el acumular riquezas innecesariamente, cuando hay personas en necesidad (Lucas 12);

5. hay que cuidarse del dinero, porque podemos apegarnos a él más de lo que quisiéramos (Lucas 16); y

6. tener dinero es una gran responsabilidad (Marcos 10).

El dinero y Juan Wesley

Juan Wesley, fundador del movimiento metodista, desarrolló tres reglas generales para el uso del dinero, basadas en estos principios bíblicos antes mencionados: *"Gana todo lo que puedas, ahorra todo lo que puedas, da todo lo que puedas."* [15]

Gana todo lo que puedas

Cuando hablamos de ganar todo lo que podamos, Proverbios 10:4 nos dice: "Las manos negligentes llevan a la pobreza; las manos diligentes conducen a la riqueza". Siempre que sea de manera honesta, no está mal ganar todo el dinero que podamos. Ahora bien, Wesley pone tres condiciones a la hora de ganar dinero:

1. cuidar el cuerpo: "ninguna ganancia debe inducirnos a participar en cualquier clase de labor que esté acompañada de tan arduo trabajo, o por tan largas jornadas, que dañen nuestra constitución física";

2. cuidar la mente: "debemos ganar todo lo que podamos sin dañar nuestra mente, más que nuestro cuerpo; porque tampoco debemos lastimar ésta. Debemos preservar a toda costa el espíritu de una mente sana"; y

3. cuidar al prójimo: "No podemos perjudicar a nadie en sus bienes, si amamos a todos como a nosotros mismos... Nadie puede obtener

ganancia destruyendo la hacienda del vecino, sin ser condenado al infierno. Tampoco debemos obtener ganancia lastimando el cuerpo de nuestro prójimo. Por lo tanto, no debemos vender nada que tienda a perjudicar la salud".

Ahorra todo lo que puedas

Cuando hablamos de ahorrar todo lo que podamos, Proverbios 13:11 dice: "Las vanas riquezas pronto se gastan; el que trabaja y las guarda las hace crecer". Miseria no es lo mismo que ahorro. Miseria es no gastar en lo necesario, mientras que ahorrar es gastar en lo necesario y tener para emergencias o tiempos de escasez.

Para Wesley era importante ahorrar, para tener dinero para cosas más importantes:

> Cuando sacas dinero del bolsillo para satisfacer la vista, pagas mucho para aumentar tu curiosidad y por un apego mucho más fuerte a estos placeres, que perecen en el mismo momento de practicarlos. Cuando compras cualquier cosa que la gente usa como motivo de aplauso, estás comprando más vanidad. ¿No tenías ya suficiente vanidad, sensualidad o curiosidad? ¿Había necesidad de agregar más? Y, ¿pagarías también por ello? ¿Qué clase de sabiduría es ésta? ¿No sería una tontería menos loca tirar literalmente tu dinero al mar?.

Da todo lo que puedas

Cuando hablamos de dar todo lo que podamos, Proverbios 11:25 nos dice: "Da todo lo que puedas: El generoso prosperará, y el que reanima a otros será reanimado". Wesley dijo:

> ...cuando el dueño del cielo y la tierra te creó y te puso en este mundo, no te instaló como propietario, sino como mayordomo... Si deseas ser mayordomo fiel y sabio de la porción de los bienes del Señor que ha depositado en tus manos... primero, provee lo necesario para ti; segundo, provee lo mismo para tu esposa, tus hijos, y para cualquier otra persona que

viva bajo tu techo... tercero, haz bien a los de la familia de la fe.

En resumen, Wesley dice:

Gana todo lo que puedas, sin perjudicarte a ti mismo o a tu prójimo... ahorra todo lo que puedas, evitando cualquier gasto que sirva sólo para cultivar deseos absurdos...da todo lo que puedas, o en otras palabras, da a Dios todo lo que tienes. Da a Dios, no el diez por ciento, ni la tercera parte, ni la mitad, sino todo lo que es de Dios.

Preguntémonos: ¿Gano el dinero cuidando mi cuerpo, mente y al prójimo? ¿Vivo de forma sencilla, ahorrando sin llegar a la miseria? ¿Puedo desprenderme de mi dinero para hacer el bien a quienes tienen necesidad?

El diezmo

Cuando hablamos de dinero en la Biblia, es casi imposible dejar de hablar acerca del diezmo. ¿Qué significa? ¿Cuál es su origen y propósito? ¿Es una práctica que debe practicarse hoy día? ¿Cuál fue la opinión de Jesús en cuanto al diezmo? ¿Cómo puede definirse el diezmo en el siglo 21? Veamos cada una de estas preguntas.

El diezmo en el Antiguo Testamento

Para hablar acerca del diezmo, es importante entender el contexto original del mismo: el Antiguo Testamento. Cuando Dios se revela al pueblo de Israel, Jehová deseaba tener una relación exclusiva con el pueblo en la cual Él fuera el único Dios. Israel tenía que adorar y depender completamente de Jehová, pero Él se encargaría de sostenerlos espiritual y económicamente, siempre que el pueblo cumpliera con su pacto de adorar solo a Jehová como único Dios.

Jehová los libertaría de su esclavitud en Egipto y serían llevados a un lugar donde experimentarían libertad y abundancia. A lo largo de esta relación entre Jehová e Israel, Jehová dio al pueblo unas instrucciones que el pueblo debía seguir con el propósito de demostrar a Jehová su adoración exclusiva y su completa dependencia en Él; una de ellas fue el diezmo: dar el diez por ciento de sus posesiones en sacrificio a Dios. ¿Cuál era el propósito del diezmo?

En aquella época la agricultura era la forma general de vida. La gente vivía de los frutos de la tierra y de sus animales. Darle a Jehová los mejores frutos y animales era un sacrificio económico extraordinario para el pueblo, porque literalmente vivían de eso. Al pedirle que sacrificaran lo más importante que tenían, Jehová les hacía entender que Él era el único Dios y que su seguridad como seres humanos no estaba en sus posesiones, sino en Él.

El pueblo luchaba con la tentación de adorar otros dioses y depender de sus posesiones. El diezmo era una forma de dar exclusiva adoración a Jehová y de depender de su provisión. Levítico 27:30-34 dice:

> El diezmo de la tierra es del Señor, lo mismo de la simiente de la tierra como del fruto de los árboles. Se trata de una ofrenda consagrada al Señor. Si alguien quiere rescatar algo del diezmo, deberá para ello añadir la quinta parte de su valor. El diezmo de las vacas o de las ovejas, es decir, de todos los animales que pasan bajo la vara, será consagrado al Señor".

Detrás de esta ley del diezmo habían varios principios básicos. En primer lugar, Jehová era el creador y dueño de todo; el pueblo solo era administrador de lo que tenía (Génesis 1:1). En segundo lugar, como Dios era dueño de todo, Dios proveería según sus necesidades y no había que acumular riquezas. Es por esto que no había que tener temor de sacrificar la décima parte de lo mejor que tuvieran (Éxodo 16). En tercer lugar, sus posesiones no eran solo para su propio beneficio, sino para el bienestar de la comunidad. La vida humana era más importante que las posesiones, y era importante atender al huérfano, a la viuda y al extranjero. Deuteronomio 10:17-18 dice:

> Pues el Señor tu Dios es Dios de dioses y Señor de señores. Él es el gran Dios, poderoso e imponente, que no muestra parcialidad y no acepta sobornos. Se asegura que los huérfanos y las viudas reciban justicia. Les demuestra amor a los extranjeros que

viven en medio de ti y les da ropa y alimentos.

En resumen, este sacrificio llamado diezmo se usaba para sostener el templo y ayudar a que nadie pasara necesidad.

El diezmo daba una nueva definición de prosperidad: tener lo suficiente para suplir sus necesidades y compartir con los demás, para que nadie tuviera necesidad.

Darle a Jehová los mejores frutos y animales era un sacrificio económico para el pueblo, porque literalmente vivían de eso. Al pedirle que sacrificaran lo más importante que tenían, Jehová les hacía entender que Él se merecía eso como su único Dios. Su seguridad como seres humanos no estaba en sus posesiones, sino en Él.

Visto de otra forma, el diezmo les ayudaba a no caer en la tentación de: 1) apegarse y depender de las riquezas, más que en Jehová, lo que sería idolatría; 2) acumular riquezas cuando hubieran personas en necesidad (codicia); y 3) ganar riquezas a cuesta de otras personas (esclavitud). El diezmo daba una nueva definición de prosperidad: tener lo suficiente para suplir sus necesidades y compartir con los demás, para que nadie tuviera necesidad.

El diezmo y Jesús

Para comenzar a hablar de Jesús y el diezmo, necesitamos entender en primer lugar la relación que tuvo Jesús con la ley. El capítulo 5 de Mateo arroja mucha luz sobre este asunto:

> No malinterpreten la razón por la cual he venido. No vine para abolir la ley de Moisés o los escritos de los profetas. Al contrario, vine para cumplir sus propósitos... Han oído que a nuestros antepasados se les dijo: "No asesines. Si cometes asesinato quedarás sujeto a juicio". Pero yo digo: aun si te enojas con alguien, ¡quedarás sujeto a juicio!... Han oído el mandamiento que dice: "No cometas adulterio". Pero yo digo que el que mira con pasión

sexual a una mujer, ya ha cometido adulterio con ella en el corazón... Han oído la ley que dice que el castigo debe ser acorde a la gravedad del daño: "Ojo por ojo, y diente por diente". Pero yo digo: no resistas a la persona mala. Si alguien te da una bofetada en la mejilla derecha, ofrécele también la otra mejilla... Han oído la ley que dice: "Ama a tu prójimo y odia a tu enemigo". Pero yo digo: ¡ama a tus enemigos! ¡Ora por los que te persiguen!.

Jesús no vino a eliminar la ley, sino a cumplirla y mejorarla. Para Jesús, la ley no era un fin en sí misma, sino un medio para amar a Dios y al prójimo.

Desde la perspectiva de Mateo, no existe evidencia bíblica de que Jesús condenara el diezmo. La preocupación de Jesús no era el diezmo en sí mismo, sino que los fariseos y escribas eran hipócritas, y tenían un serio problema de integridad. En Mateo 23 Jesús les dice a sus discípulos acerca de los fariseos y escribas: "ustedes deben obedecer y hacer todo lo que ellos les digan, pero no sigan su ejemplo, porque dicen una cosa y hacen otra" (v.3). Luego, hablándole a los fariseos y escribas dice: "¡Ay de ustedes escribas y fariseos, hipócritas! Porque pagan el diezmo de la menta, del eneldo y del comino, y soslayan lo más importante de la ley, que es la justicia, la misericordia y la fe. Es necesario que hagan esto, pero sin dejar de hacer aquello" (v.23).

Jesús no condenó que los fariseos y escribas dieran sus diezmos, sino que lo hicieran por razones incorrectas. Los fariseos y escribas diezmaban para ser reconocidos entre el pueblo y así hacer un espectáculo: "todo lo que hacen es para que la gente los vea" (v.5). Ya Jesús había condenado en Mateo 6:2-4 esta actitud hacia el dar:

Cuando tú des limosna, no toques trompeta delante de ti, como hacen los hipócritas en las sinagogas y en las calles, para que la gente los alabe. De cierto les digo que con eso ya se han ganado su recompensa. Pero cuando tú des limosna, asegúrate de que tu mano izquierda no sepa lo que hace la derecha; así tu limosna será en secreto, y tu Padre que ve en lo secreto te recompensará en público.

Para Jesús, diezmar era una práctica al igual que la oración y el ayuno. Debía practicarse en secreto y con humildad, y no para obtener reconocimiento. Para Jesús, el diezmo se debía dar sin olvidar lo más importante de la ley: "la justicia, la misericordia y la fe" (Mateo 23:23). Diezmar era una oportunidad para erradicar la injusticia del mundo, realizar obras de misericordia y confiar en la siguiente promesa: Dios proveerá.

¿Estuvo Jesús en contra de los principios que estaban detrás del diezmo? ¿Estuvo en contra de que Jehová era el dueño de todo y que el pueblo solo era administrador de lo que tenía? ¿Estuvo en contra de que Dios proveería según sus necesidades? ¿Estuvo en contra de que las posesiones no eran solo para su propio beneficio, sino para el bienestar de la comunidad; porque la vida humana era más importante que las posesiones? Jesús no estuvo en contra de ninguno de estos principios, y por consiguiente, tampoco estuvo en contra del diezmo.

Jesús habló del diezmo como una oportunidad para que el ser humano le exprese a Dios que su confianza no está puesta en el dinero, sino en Él. Diezmar produce la experiencia de descansar en la providencia y sustento de Dios. Diezmar es la disciplina espiritual que permite al ser humano confiar en que mientras damos, Dios va a suplir nuestras necesidades. Con esto en mente, Jesús dijo que en ocasiones el diezmo no será suficiente para que en nosotros haya esa experiencia de completa dependencia de Dios, y será necesario dar más allá del mismo. Les doy dos ejemplos.

En Marcos 10:21 Jesús dice: "Anda y vende todas tus posesiones y entrega el dinero a los pobres, y tendrás tesoro en el cielo". Esta respuesta es la que Jesús le dio a un joven rico que muy probablemente cumplía con todos los mandamientos desde su juventud, incluyendo diezmar, y que le preguntó a Jesús qué tenía que hacer para heredar la vida eterna. Jesús le pidió que fuera más

> *La preocupación de Jesús no era el diezmo en sí mismo, sino que los fariseos y escribas eran hipócritas, y tenían un serio problema de integridad.*

allá del diezmo y lo vendiera todo para darlo a los pobres; porque esa experiencia sería la que le daría la oportunidad de depender de Dios. El experimentar la vida eterna, como dijo al joven rico, en algunas ocasiones ocurrirá dando más allá del diezmo. Podemos leer otro ejemplo en Lucas 21:1-4:

> Jesús estaba observando a los ricos que depositaban sus ofrendas en el arca del templo, y vio que una viuda muy pobre depositaba allí dos moneditas de poco valor. Entonces dijo: «En verdad les digo, que esta viuda pobre ha echado más que todos. Porque todos aquellos ofrendaron a Dios de lo que les sobra, pero ella puso, en su pobreza, todo lo que tenía para su sustento.

El diezmo ya no es una ley, sino una disciplina espiritual, un medio que tiene el fin de transformar nuestros miedos e inseguridades por paz y confianza en la provisión de Dios.

La misma situación del joven rico la tenían los fariseos; probablemente daban el diezmo, pero daban de lo que les sobraba. Por su parte, la viuda no dio el diezmo, sino que dio *todo* lo que tenía para su sustento. Aunque fue una cantidad mucho menor que la de los fariseos, ella tuvo algo que los fariseos carecían: la experiencia de depender de Dios. Irónicamente, la viuda dio cuando esa ayuda debía ser precisamente para ella, si era bien administrada según la ley, algo que no estaba sucediendo debido a la corrupción religiosa.

¿Jesús nos invitó a diezmar? Sí, y en ocasiones a superarlo. El diezmo ya no es una ley, sino una disciplina espiritual, un medio que tiene el fin de transformar nuestros miedos e inseguridades por paz y confianza en la provisión de Dios. Jesús enseñó que tenemos dos opciones: confiar en nuestras riquezas o confiar en Dios. La primera trae ansiedad, porque el dinero puede desaparecer en cualquier momento; la segunda trae paz porque Dios siempre es fiel.

Al igual que hizo con otras leyes, Jesús mejoró la ley del diezmo. Ya no era suficiente dar el diezmo, sino que todas las riquezas y posesiones de un ser humano debían ser utilizadas para adorar a Dios. Ya no era suficiente dar el diezmo y acumular el resto de las riquezas, sino que había que desprenderse de todas las riquezas si estas se convertían en un obstáculo para amar a Dios y al prójimo. Para Jesús, el diezmo era el punto de partida para glorificar a Dios y servir al necesitado por medio de las riquezas. Jesús afirmó que en el momento en que diezmar no sea un sacrificio y una disciplina espiritual que nos transforme y ayude a depender de Dios más que del dinero, será necesario dar más allá del diezmo. Sin sacrificio, fe y dependencia de Dios, diezmar pierde sentido.

Definiendo el diezmo en el siglo 21

En el Nuevo Testamento se nos presentan ejemplos de comunidades cristianas que entendieron lo que Jesús quiso decir acerca de las riquezas. Hechos 2:44-45 dice:

> Todos los creyentes se reunían en un mismo lugar y compartían todo lo que tenían. Vendían sus propiedades y posesiones y compartían el dinero con aquellos en necesidad.

Hechos 4:32-35 dice:

> Todos los creyentes estaban unidos de corazón y en espíritu. Consideraban que sus posesiones no eran propias, así que compartían todo lo que tenían. Los apóstoles daban testimonio con poder de la resurrección del Señor Jesús y la gran bendición de Dios estaba sobre todos ellos. No había necesitados entre ellos, porque los que tenían terrenos o casas los vendían y llevaban el dinero a los apóstoles para que ellos lo dieran a los que pasaban necesidad.

Si somos un pueblo del nuevo pacto, ¿qué podemos aprender de Jesús y las comunidades cristianas del primer siglo acerca del diezmo? Que el diezmo no es un fin en sí mismo, sino un medio para amar a Dios y al prójimo a través de nuestras riquezas; y es el punto de partida porque en ocasiones hay que dar más del diezmo para glorificar a Dios y servir al que tiene necesidad.

El diezmo es un medio para:

1. darle propósito a nuestro dinero,

2. aprender a depender de Dios y no de nuestro dinero, y

3. practicar la generosidad que transforma vidas.

En primer lugar, es casi imposible diezmar si no se tiene una buena administración financiera. Diezmar es el resultado de una buena administración que incluye contar nuestras bendiciones, gastar menos de lo que tenemos, hacer presupuestos, establecer prioridades, controlar gastos y ahorrar, y de esa manera tener dinero para practicar la generosidad a través del diezmo. Muchas personas no diezman porque no tienen una buena administración; por consiguiente, no tienen dinero para diezmar. Al diezmar, aprendemos a ser buenos administradores, lo que nos da la oportunidad de darle propósito al dinero por medio de prioridades, tal y como hemos visto anteriormente.

En segundo lugar, diezmar es una oportunidad para aprender a depender de Dios, y no de nuestro dinero. Diezmar es un acto de fe con el que poco a poco vamos dependiendo más y más de Dios, y menos de nuestras riquezas y posesiones. Al diezmar, el miedo que tenemos a no tener suficiente para nuestras necesidades va siendo reemplazado por la confianza de que Dios suplirá todo lo que necesitemos, tal y como hemos visto en Mateo 6:24-33:

> *El diezmo no es un fin en sí mismo, sino un medio para amar a Dios y al prójimo a través de nuestras riquezas.*

Nadie puede servir a dos amos, pues odiará a uno y amará al otro, o estimará a uno y menospreciará al otro. Ustedes no pueden servir a Dios y a las riquezas. No se preocupen por su vida, ni por qué comerán o qué beberán; ni con qué cubrirán su cuerpo. ¿Acaso no vale más la vida que el alimento, y el cuerpo más que el vestido? Miren las aves del cielo, que no siembran, ni cosechan, ni recogen en graneros, y el Padre celestial las alimenta. ¿Acaso no valen ustedes mucho más que ellas?... Por lo tanto, no se preocupen ni se pregunten "¿Qué comeremos, o qué beberemos, o qué vestiremos?" Porque la gente anda tras todo esto, pero su Padre celestial sabe que ustedes tienen necesidad de todas estas cosas. Por lo tanto, busquen primeramente el reino de Dios y su justicia, y todas estas cosas les serán añadidas.

En tercer lugar, diezmar no solo transforma nuestra vida, sino que transforma la vida de otros. Diezmar es una oportunidad de ser parte de un proyecto más grande que nosotros mismos. Es una oportunidad para practicar la generosidad que transforma la vida de otras personas. Jesús afirmó en Lucas 12:33: "Vendan sus posesiones y den a los que pasan necesidad". Cada vez que diezmamos apoyamos la misión de la iglesia cristiana de colaborar con Dios en su misión de transformar todo lo creado.

¿Cómo diezmar?

Si diezmar vale la pena, es importante recordar cuatro formas en que debemos hacerlo.

En primer lugar, con alegría. El Salmo 107:22 dice: "¡Ofrezcámosle sacrificios de gratitud, y jubilosos proclamemos sus obras!". Diezmar no es una obligación, sino una oportunidad para ser parte de la misión de Dios de salvar y restaurar el mundo.

En segundo lugar, con compromiso. 1 Corintios 16:2 dice: "Cada primer día de la semana, cada uno de ustedes ponga algo aparte, según lo que haya ganado, y guárdelo, para que no se tengan que recoger las ofrendas cuando yo esté allá". No diezmamos solo cuando sentimos hacerlo, sino consistentemente y con la convicción de que vale la pena.

En tercer lugar, con lo mejor. Proverbios 3:9 dice: "Honra el Señor con tus bienes y con las primicias de tus cosechas". En el Antiguo Testamento el pueblo ofrendaba sus mejores animales y cosechas a Dios como una forma de evidenciar que Jehová era su prioridad. Esto se conocía como primicias. De igual forma, debemos diezmar a Dios nuestras primicias y no lo que nos sobra. Esto lo logramos con la ayuda de un plan financiero (presupuesto) que establece prioridades.

En cuarto lugar, conforme a nuestros ingresos. 2 Corintios 8:12 dice: "Porque si hay buena disposición, lo que se da es bien recibido, según lo que uno tiene y no según lo que no tiene". Nuestros diezmos son proporcionales a nuestros ingresos: el diez por ciento (10%) de nuestros ingresos. Si al calcular nuestro diezmo no podemos darlo inmediatamente, podemos hacer un plan para ir aumentando nuestras ofrendas hasta llegar a dar el diezmo. Luego de llegar al diezmo, entonces puedes dar más allá del mismo. Un punto de partida para organizarnos para diezmar puede ser el siguiente: gastar el 80% de nuestros ingresos, ahorrar el 10% y diezmar el otro 10%.

Para calcular cuál es el 10% de nuestros ingresos es recomendable desarrollar un presupuesto financiero como el que aparece a continuación:

MI INGRESO MENSUAL: _____

Partida:	Lo que gasto actualmente:	Lo que debería gastar de mi ingreso:	Mi meta es gastar:
Diezmo y ofrendas	$	10% - 12%	$
Casa	$	25% - 35%	$
Carro, gasolina y peaje	$	10% - 15%	$
Comida / Compra	$	5% - 15%	$
Ahorros	$	5% - 10%	$
Servicios (Luz, agua, celular)	$	5% - 10%	$
Medicina / Salud	$	5% - 10%	$
Deudas	$	5% - 10%	$
Vestimenta	$	2% - 7%	$
Otros	$	12% - 23%	$

Mi ingreso mensual:	Mi diezmo:
$6,000	$600
$5,000	$500
$4,000	$400
$3,000	$300
$2,000	$200
$1,000	$100
$500	$50

Recuerda, si no puedes dar el diezmo inmediatamente, haz un plan para ir aumentando tu ofrenda hasta llegar a dar el diezmo. Luego de llegar al diezmo, puedes dar aún más allá del mismo.

Organizarnos significa tener un estilo de vida saludable. Eso incluye:

1. decir no al deseo constante de tener más;
2. dar gracias a Dios continuamente por todo lo que tenemos;
3. gastar menos de lo que tenemos;
4. acostumbrarnos a vivir con menos y lo necesario;
5. establecer prioridades por medio de un plan y presupuesto financiero;
6. ahorrar para emergencias, vacaciones y el retiro;
7. usar las tarjetas de crédito solo cuando sea necesario; y
8. no invertir el dinero en asuntos que me hagan daño a mí, al prójimo y a la creación.

Por último, podemos organizarnos para dar haciendo un *Compromiso Financiero Anual*. Este compromiso es confidencial y consiste en llenar una tarjeta, ya provistas en algunas iglesias, en donde hacemos un estimado de nuestros diezmos para el siguiente año. Llenar esta tarjeta es una oportunidad para hacer un plan financiero, de manera que el diezmo sea la prioridad; además, permite a la iglesia hacer sus proyecciones financieras para el siguiente año.

Algunos consejos a la hora de hacer tu compromiso financiero anual son:

1. *Tómalo con calma*: Esta decisión no debe hacerse por presión, sino por convicción. Toma tiempo para decidir tu compromiso.
2. *Ora a Dios*: Pide a Dios dirección y exprésale a Dios tu deseo de servirle y adorarle con tu dinero.
3. *Dialoga con tu familia*: Toma tiempo para hacer un plan financiero con tu familia y decidir cuánto vas a dar.
4. *Disfruta el dar*: entrega tu diezmo en el momento de las ofrendas y disfruta la oportunidad de darle propósito a tu dinero en adoración a Dios y servicio a los demás.

A veces pensamos que solo las personas ricas pueden diezmar. Pero ser rico no es cuestión de cuánto tenemos, sino de cuánto podemos dar. Te invito a dar el diezmo, y cuando sea necesario, dar más allá del mismo. Te invito a hacer el siguiente pacto:

"Hoy me comprometo a dedicar mis finanzas a Cristo y practicar la disciplina espiritual de dar en mi iglesia porque:

1. Todo es de Dios, y no soy dueño sino administrador.
2. Dios es generoso y debo imitarlo.
3. Porque ya Dios me ha dado, y tengo suficiente para dar.
4. Porque es una forma de adorar a Dios.
5. Porque es una disciplina espiritual que me transforma.
6. Porque es una forma de evidenciar mi fe.
7. Porque me permite ser parte de la misión de Dios.

También me comprometo a dar:
1. Con alegría y compromiso.
2. Con lo mejor y conforme a mis ingresos.
3. Con mi diezmo y más allá del mismo.
4. Porque mi iglesia es parte de la misión de Dios".

Juan Wesley escribió [16]:

¡No más desperdicio! Dejemos de gastar en lo que demandan la moda, los caprichos, la carne y la sangre. ¡No más ambición! Usemos, más bien, lo que Dios nos ha confiado para hacer lo bueno, todo el bien posible, en todas las formas e intensidades posibles.

Razones por las cuales las iglesias diezman

En su libro *Not your parents offering plate: A new visión for financial stewardship*, Clif Christopher menciona tres razones por las cuales las iglesias dan: una misión en la que creer, un liderato en alta estima y la estabilidad financiera de la iglesia. Permítame explicar brevemente estas tres razones, y añadir una cuarta razón para entender la importancia de la disciplina espiritual de dar.

1. Una misión en la que creer

Sin misión no hay razón por la cual dar. Hay muchas razones por las cuales dar y diezmar, pero una de las principales es para participar de la misión de Dios. Dar nos permite tener trascendencia en la medida que nos unimos a un proyecto mucho más grande que nosotros mismos. Por medio de nuestra generosidad nos unimos al proyecto de Dios de transformar todo lo creado. Cuando una iglesia invita a sus miembros a dar, es importante que las personas puedan ver la conexión que existe entre sus diezmos y la misión de la iglesia, la cual es la misión de Dios. Conocer esa conexión entre dar y la misión es importante porque permite que las personas puedan saber cómo están haciendo la diferencia en el mundo y en otras personas.

En realidad, diezmar no es la única forma de usar el dinero. Podemos invertir el dinero en ropa, zapatos y herramientas, como en otras organizaciones sin fines de lucro que también nos invitan a tener trascendencia en el mundo. En pocas palabras, las personas tienen múltiples oportunidades y escenarios en los cuales invertir el dinero. Una pregunta muy importante que debe hacerse cada iglesia es la siguiente: *¿Por qué las personas deben dar a nuestra iglesia?*

Aunque esta pregunta se puede contestar de múltiples formas, hay una razón muy importante: damos para ser parte de la misión de Dios. La iglesia debe explicarle a sus miembros que la iglesia es económicamente sostenida por sus diezmos, lo que ayuda a que la misión de Dios se haga una realidad.

Visto de otra forma, los miembros de las iglesias dan cuando entienden la misión de la iglesia, cómo los ministerios de la iglesia ayudan a alcanzar esta misión, y cómo los diezmos sostienen esos ministerios que hacen realidad la misión. Las personas quieren saber cómo sus diezmos están haciendo la diferencia en otras personas, en la comunidad y el mundo.

> *Es importante que las personas puedan ver la conexión que existe entre sus diezmos y la misión de la iglesia.*

Si esto es así, ¿cómo la iglesia establece la conexión entre la misión, los ministerios y los diezmos de las personas?

Les comparto algunas sugerencias.

En primer lugar, que la iglesia tenga un plan de trabajo. La forma en que la iglesia desarrolla un plan de trabajo es algo muy particular, por lo que no hay una sola forma de hacerlo, ni tampoco una forma que sea la mejor. Sin embargo, la iglesia necesita desarrollar un proceso con la congregación y su junta directiva para establecer cuál es la dirección en que la iglesia se está moviendo. Esta dirección debe plasmarse de una forma u otra en algún documento que permita a la congregación y al liderato conocer la misma de forma sencilla. Un plan de trabajo usualmente incluye:

1. la misión – el propósito por el cual existe la iglesia,
2. la visión – el sueño de la iglesia,
3. los valores – aquellas cosas por las cuales la iglesia quiere caracterizarse,
4. un breve diagnóstico – donde se encuentra la iglesia,
5. objetivos – aquello que quiere alcanzarse,
6. metas – aquello que quiere alcanzarse, pero definido de forma numérica,
7. prioridades, y
8. actividades que la iglesia desea realizar para cumplir la misión y alcanzar la visión.

En ese plan deben estar presentes los ministerios de la iglesia y cómo ayudan a cumplir esa misión y alcanzar esa visión. En la página web (www.erichernandezlopez.com) puedes acceder al ejemplo de un plan de trabajo y una lista de los ministerios de la iglesia que pastoreo y su relación con el plan.

En segundo lugar, ese plan debe comunicarse a la iglesia en general y agradecerles por cómo están ayudando a alcanzarlo. Existen varias formas en que esto puede hacerse:

1. *Informes públicos a la congregación.* Cada tres o seis meses el liderato del comité de finanzas puede hacer una presentación sencilla y fácil de entender de los logros que ha tenido la iglesia y cómo los diezmos han aportado a estos logros. En estas presentaciones también se pueden repasar

los fundamentos de la mayordomía cristiana. En la iglesia que pastoreo lo hacemos cada tres meses, y se puede ver un ejemplo de esta presentación accediendo la página web antes mencionada.

2. *Tarjetas de agradecimiento.* La iglesia puede proveer tarjetas personalizadas en las que se informan a los miembros de sus diezmos y ofrendas y cómo las mismas han hecho la diferencia en la misión de la iglesia. En la iglesia que pastoreo entregamos estas tarjetas cada tres meses, y se puede ver un ejemplo de la misma accediendo la página web.

3. *Testimonios.* En algún momento del culto principal de la iglesia se pueden integrar testimonios de cómo la iglesia está haciendo la diferencia en la vida de individuos y de la comunidad. Estos testimonios pueden ofrecerse justo antes del momento de recoger las ofrendas y diezmos. Estos testimonios son una de las formas más sencillas de mostrar cómo la iglesia está cumpliendo la misión de Dios.

2. Un liderato en alta estima

No hay duda de que el liderato es clave a la hora de invitar a las personas a dar y diezmar. Las personas desean aportar a iglesias en las que se pueda confiar en el liderato. Desde mi perspectiva, existen dos razones por las cuales las personas creen en el liderato: integridad y capacidad.

Cuando hablamos de *integridad*, nos referimos a que el liderato de la iglesia modela las disciplinas de dar y diezmar. El liderato de la iglesia, incluyendo el pastoral, debe ser el primero en experimentar el diezmar. Sin integridad, el liderato es incapaz de hablar sobre el tema, dar testimonios sobre diezmar o invitar a otras personas a hacerlo.

La integridad también incluye que el liderato crea en el proyecto que Dios le ha dado la oportunidad de liderar. En ocasiones el liderato de la iglesia pide excusas por invitar a la congregación a dar y diezmar. ¿Cómo es posible que pidamos excusas por invitar a las personas a unirse a la misión de Dios?

Las iglesias que dan son las que tienen líderes que creen que la iglesia vale la pena, y que dar a la misión de Dios es una de las mejores formas de darle propósito al dinero. Ann A. Michel lo dice de la siguiente forma:

"Si tu ministerio es tan importante para ti como para invertir lo mejor de tu tiempo, energías y recursos, ¿por qué dudar en pedirle a alguien que lo haga también?" [17]

La integridad también incluye que el liderato crea en el proyecto que Dios le ha dado la oportunidad de liderar.

En cuanto a *capacidad*, el liderato pastoral y laico debe prepararse para educar la iglesia en cuanto al tema de la generosidad. El liderato pastoral debe buscar libros o talleres que le ayuden a manejar el tema, de manera que esté preparado para explicar por qué es importante la disciplina de dar y diezmar. El liderato pastoral no puede decirle a su iglesia que no sabe sobre el tema o que no se atreve a manejarlo. Si no sabemos, debemos buscar las herramientas y ser intencionales en capacitarnos. Este libro es precisamente una ayuda para el liderato pastoral y laico para educar a sus congregaciones sobre el tema. Además, al final de libro he preparado una bibliografía sobre libros relacionados al tema.

Cuando el liderato pastoral y laico se capacita puede entonces enseñar y guiar al resto de la iglesia. Esta enseñanza debe organizarse de manera que sea intencional y saludable. Existen varias formas de enseñar acerca del tema de la generosidad.

1) Afirmando la generosidad como disciplina espiritual. Diezmar no debe ser un tema "tabú" o poco hablado en la iglesia. Si dar es una disciplina espiritual, debemos hablar de ella con la misma frecuencia con la que hablamos sobre la oración, el servicio, la lectura de la Biblia y el ayuno, entre otras disciplinas espirituales. Se debe enseñar de forma consistente y continua durante todo el año, y sin pedirle excusas por estar hablando del tema.

2) Desarrollando series de predicaciones y discipulados sobre generosidad. Si bien es cierto que se debe hablar sobre el tema durante todo el año, también es saludable tomar ciertas semanas al año para enseñar en más detalle acerca de lo que la Biblia dice sobre el dinero y la generosidad. Estas campañas de mayordomía financiera deben organizarse con tiempo de manera que haya objetivos y metas por alcanzar. No se puede preparar una serie de predicaciones sobre mayordomía financiera de un día para otro. Es necesario acercarnos al tema con tiempo. Las guías de estudio que aparecen luego de cada parte pueden servir como punto de partida para predicaciones y formación de discípulos en tu iglesia o contexto ministerial.

Estas series de predicaciones o campañas de mayordomía pueden concluir pidiendo que las personas entreguen una tarjeta de compromiso financiero, como la que mencionamos anteriormente. Además, se puede terminar regalando a la congregación algún material sobre mayordomía financiera que sirva de resumen sobre las predicaciones presentadas. Estas series o campañas pueden realizarse en la segunda mitad del año, de manera que sirva para ayudar a la congregación a organizarse para dar y diezmar el próximo año. Ejemplos de estos materiales se encuentran en los Recursos de Apoyo.

3) Creando recursos de alta calidad. Una de las mejores formas de enseñar sobre la generosidad es por medio de materiales escritos y audiovisuales sobre el tema. Cada iglesia debe buscar la forma de desarrollar sus propios materiales sobre mayordomía financiera, o por lo menos adaptar materiales de otras iglesias. El que la iglesia dedique dinero, esfuerzo y tiempo a crear estos materiales es una forma de comunicarle a la congregación que es un tema importante.

En estos recursos se le debe dar a las personas herramientas para conocer las bases bíblicas sobre el dinero y herramientas para administrarlo. Estos recursos también pueden hablar de la misión de la iglesia y cómo los diezmos ayudan a cumplirla, tal y como hemos mencionado anteriormente. En la página web encontrarás un mini libro que puede servir de guía para la preparación de un material para tu iglesia.

4) Aprovechando las épocas especiales. Otra forma de enseñar acerca del tema de la generosidad es utilizando momentos del año en que las personas están acostumbradas a ser invitadas a alguna ofrenda especial, como Semana Santa, Aniversario de la iglesia, Día de Acción de Gracias, Navidad. Esas invitaciones a dar pueden ser oportunidades para seguir enseñando sobre el tema de la generosidad, y no tan solo un anuncio en la programación de la iglesia. Es importante prepararse bien para hacer estas invitaciones, teniendo un buen fundamento bíblico y teológico y una conexión clara entre la ofrenda especial y la misión de la iglesia. Además, estos momentos deben ser liderados tanto por el liderato pastoral como el laico, porque el trabajo en equipo le hace ver a la iglesia que esto es un asunto de todos.

3. Estabilidad financiera de la iglesia

Como lo afirma Clif Christopher en su libro, las personas prefieren dar a organizaciones e iglesias que son bien administradas y que dan fruto; usualmente no aportan a barcos que se están hundiendo. A lo largo de mi experiencia pastoral he tenido la oportunidad de invitar a la iglesia a diezmar debido a que es necesario cumplir con el presupuesto financiero. Lamentablemente, este acercamiento muy pocas veces ha sido productivo. Cumplir con un presupuesto financiero no tiene nada de atractivo para las personas que están decidiendo si van o no a dar a la iglesia. Todo lo contrario, pueden pensar que la iglesia no ha cumplido con el presupuesto financiero por mala administración, aunque no sea el caso.

> *Lo que sí es atractivo es invitar a las personas de una forma positiva a unirse a ser parte de la misión de Dios en el mundo por medio de una iglesia que utilizará excelentemente su dinero.*

Lo que sí es atractivo es invitar a las personas de una forma positiva a unirse a ser parte de la misión de Dios en el mundo por medio de una iglesia que utilizará excelentemente su dinero. Las personas desean aportar a iglesias que tienen una misión clara, sueños concretos, un liderato sabio, un plan estratégico y financiero, y sobre todo, una buena administración financiera. La teoría de que las iglesias dejan de diezmar cuando saben que las finanzas van bien, es incorrecta. Las iglesias dejan de diezmar cuando no ven frutos, no tienen una misión clara, no creen en el liderato, no entienden la relación entre el diezmo y la misión, no entienden la importancia de la disciplina espiritual de dar o perciben una mala administración financiera.

En resumen, las personas dan a iglesias que tienen estabilidad financiera porque saben que su dinero será bien utilizado. Esa estabilidad financiera no tiene que ver con cantidades de dinero, sino con la forma en que se administra lo mucho o lo poco que se tiene. Por eso es importante que el liderato pastoral y laico mantenga informada a la iglesia sobre las decisiones financieras que toma la iglesia y cómo las mismas responden a un plan estratégico.

Todo lo antes mencionado no ignora el hecho de que en ocasiones las iglesias experimentarán tiempos de escasez económica aun teniendo una buena administración financiera. Sin embargo, aun en estos tiempos de escasez económica las iglesias no deben ser invitadas a dar y diezmar solo por cumplir un presupuesto. El presupuesto financiero es solo un medio para administrar la iglesia de manera que la misma pueda cumplir con su misión y alcanzar su visión. Aun en tiempos de escasez las iglesias deben ser informadas sobre la realidad económica, pero invitadas a dar y diezmar de forma positiva y con la misión de Dios como el centro de todo lo que hace la iglesia.

> *El presupuesto financiero es solo un medio para administrar la iglesia de manera que la misma pueda cumplir con su misión y alcanzar su visión.*

Por otro lado, aun cuando las iglesias hayan alcanzado y superado sus metas financieras se debe continuar invitando a las personas a dar y diezmar. El fin no es cumplir con un presupuesto financiero, sino cumplir la misión de Dios y practicar el dar y diezmar como una disciplina espiritual. Dar y diezmar trasciende metas financieras y presupuestos.

4. Un entendimiento sobre la disciplina espiritual de dar

Las disciplinas espirituales, o medios de gracia, son hábitos o prácticas que permiten que la gracia de Dios nos transforme. Las disciplinas espirituales no nos cambian ni transforman por sí mismas, sino que nos colocan ante Dios de modo que Él pueda transformarnos. Richard Foster[18] afirma que las mismas no son el sendero que provoca el cambio, sino que nos colocan en el sendero en donde el cambio puede ocurrir. Es decir, la transformación es un regalo de Dios para nosotros. Foster le llama a las disciplinas espirituales el camino de la gracia disciplinada.

¿Cuál es el fin de las disciplinas espirituales? Que la gracia de Dios nos transforme para ser como Cristo; morir a uno mismo para que Cristo viva en nosotros. La meta de las disciplinas espirituales es que demos el fruto del Espíritu Santo: amor, alegría, paz, paciencia, gentileza, bondad, fidelidad, humildad y control propio (Gálatas 5:22-23).

Las iglesias dan cuando entienden que dar y diezmar es una disciplina espiritual que nos transforma. Según mencioné anteriormente, diezmar es un acto de fe con el que poco a poco vamos dependiendo más y más de Dios, y menos de nuestras riquezas y posesiones. Al diezmar, el miedo que tenemos a no tener suficiente para nuestras necesidades va siendo reemplazado por la confianza de que Dios suplirá todo lo que necesitemos. Esta confianza nos permite tener una mentalidad de abundancia y no de escasez, y nos desprendemos así con mayor facilidad del dinero para ser generosos/as.

Cuando no damos ni diezmamos, el miedo a no tener suficiente para nuestras necesidades produce ansiedad: un miedo exagerado e irracional acerca del futuro. Esa ansiedad obstaculiza una mentalidad de abundancia, y por el contrario, promueve una mentalidad de escasez que nos lleva a acumular riquezas y posesiones, y no ser generosos/as. Esta acumulación de dinero nunca produce paz porque la misma solo es producto de confiar en Dios y de la obra del Espíritu Santo en nuestra vida, no de la cantidad de dinero que poseamos.

> *Las iglesias dan cuando entienden que dar y diezmar es una disciplina espiritual que nos transforma.*

Cuando entendemos que diezmar transformará nuestra ansiedad en paz, y nos liberará del apego al dinero, diezmar se convierte en una disciplina espiritual que practicaremos simplemente para vivir en paz. Por eso es importante tener una misión en la que creer, un liderato capaz e íntegro, estabilidad financiera, y un discipulado constante que enseñe a la congregación la transformación que hace el Espíritu Santo en aquellas personas que practican la disciplina espiritual de dar.

¿Cómo debemos invitar a las personas a dar y diezmar?

Luego de este breve análisis sobre el diezmo y razones por las cuales las iglesias diezman, deseo terminar ofreciendo una recomendación de cómo podemos invitar a las personas a cumplir con sus diezmos y hacer ofrendas especiales. De forma resumida, la recomendación es la siguiente: la invitación debe ser lo más personal posible.

En la mayoría de nuestras congregaciones invitamos a nuestros miembros a dar por medio de anuncios o predicaciones. Esto es necesario, pero no suficiente. En muchas ocasiones las personas reciben estas invitaciones pero no se sienten aludidas ni comprometidas con dar hasta que reciben una invitación personalizada. Esta invitación personalizada puede variar según las circunstancias de cada iglesia y quién es la persona que será invitada a dar. Además, debe incluir aquellos elementos esenciales que hemos compartido a lo largo del libro: una explicación breve de la disciplina de dar y diezmar, los beneficios de hacerlo, la conexión de diezmar con la misión de la iglesia y testimonios de personas que lo están haciendo. Les comparto algunos formatos.

1. Conversaciones presenciales

Idealmente, deberíamos buscar la forma de tener conversaciones con las personas a quienes queremos invitarles a diezmar, a aumentar sus contribuciones o hacer una ofrenda especial. Esto nos permite recibir retroalimentación inmediata y ayudar a las personas a contribuir dentro de su contexto particular. Además, podemos contestar preguntas que surjan al instante.

Un ejemplo es lo que ocurre en la iglesia que pastoreo en la cual cada persona que desea ser miembro de nuestra iglesia tiene una conversación conmigo como pastor. En esa conversación explico los beneficios y responsabilidades de la membresía de la iglesia, incluyendo la responsabilidad de dar y diezmar. Estas conversaciones siempre son presenciales y en mi oficina pastoral, y nunca por teléfono. En esas conversaciones contesto las preguntas que se puedan presentar sobre el tema, a la vez que le ayudo a organizarse para dar según su contexto particular. Otra manera sería que los pastores visiten los hogares de sus miembros para dialogar sobre el tema.

2. Cartas

Si una conversación personalizada no es posible, podemos desarrollar una carta personalizada en la que se le explica a la persona la importancia de diezmar, se le hace la invitación a que comience a hacerlo y se le entrega un material que explique cómo hacerlo. Esta carta también se les puede hacer a personas que ya diezman, pero que se le quiere invitar a aumentar sus contribuciones o a que hagan una ofrenda especial para un propósito en particular. En los recursos de apoyo se encuentran unas cartas modelos para estos casos.

3. Mensajes electrónicos

Hoy día existen plataformas tecnológicas, como el correo electrónico, que permiten enviar mensajes a las personas de manera personalizada. Estas invitaciones también son efectivas porque van más allá de un anuncio a toda la congregación, llegando al teléfono o la computadora de la persona. Así cada individuo puede meditar sobre la invitación a dar en un momento adicional al del culto. Lo ideal sería que estos mensajes electrónicos complementen los dos primeros métodos mencionados: conversaciones y cartas personalizadas.

Resumen: El dinero

1. Las siete razones bíblicamente fundamentadas y teológicamente saludables por las que debemos practicar la disciplina espiritual de dar son: a) porque todo es de Dios y no somos dueños, sino administradores; b) porque Dios es generoso y debemos imitarlo; c) porque ya Dios nos ha dado y tenemos suficiente para dar; d) porque es una forma de adorar a Dios; e) porque es una disciplina espiritual que nos transforma; f) porque es una forma de evidenciar nuestra fe; y g) porque nos permite ser parte de la misión de Dios.

2. El dinero no es un fin en sí mismo, sino un medio que nos ayuda a alcanzar una meta.

3. No necesitamos dinero, necesitamos sabiduría. Manejar el dinero sin sabiduría es un peligro.

4. "Gana todo lo que puedas, ahorra todo lo que puedas, da todo lo que puedas." – Juan Wesley

5. El diezmo en el Antiguo Testamento era un sacrificio económico extraordinario para el pueblo, porque literalmente vivían de eso. Al pedirle que sacrificaran lo más importante que tenían, Jehová les hacía entender que Él se merecía eso como su único Dios y que su seguridad como seres humanos no estaba en sus posesiones sino en Él; a la misma vez que ayudan con sus diezmos a que nadie pasara necesidad.

6. Desde la perspectiva de Mateo, no existe evidencia bíblica de que Jesús condenara el diezmo. La preocupación de Jesús no era el diezmo en sí mismo, sino que los fariseos y escribas eran hipócritas, y tenían un serio problema de integridad.

7. Para Jesús, el diezmo era el punto de partida para glorificar a Dios y servir al necesitado por medio de las riquezas. Además, Jesús afirmó que en el

momento en que diezmar no sea un sacrificio y una disciplina espiritual que nos transforme y ayude a depender de Dios más que del dinero, será necesario dar más allá del diezmo.

8. El diezmo en el siglo 21 es un medio para darle propósito a nuestro dinero, aprender a depender de Dios y no de nuestro dinero, y practicar la generosidad que transforma vidas.

9. Debemos diezmar con a) alegría, b) compromiso, c) lo mejor, y d) conforme a nuestros ingresos.

10. Un punto de partida para diezmar es gastar el 80% de nuestros ingresos, ahorrar el 10% y diezmar el otro 10%.

11. Ocho formas de tener un estilo de vida saludable son: a) decir no al deseo constante de tener más; b) dar gracias a Dios continuamente por todo lo que tenemos; c) gastar menos de lo que tenemos; d) acostumbrarnos a vivir con menos y lo necesario; e) establecer prioridades por medio de un plan financiero (presupuesto); f) ahorrar para emergencias, el retiro y vacaciones; g) usar las tarjetas de crédito solo cuando sea necesario; y h) no invertir el dinero en asuntos que me hagan daño a mí, al prójimo y a la creación.

12. Los miembros de las iglesias diezman cuando hay una misión en la que creer, un liderato en alta estima y estabilidad financiera, y cuando entienden el beneficio de la disciplina espiritual de dar.

Guía de estudio para uso individual o grupos pequeños

1. ¿Podemos recordar alguna ocasión en que alguien fue generoso/a con nosotros? ¿Cómo nos sentimos? ¿Cuál fue el resultado de la generosidad de esa persona?

2. ¿Qué te parecieron las siete razones teológicamente saludables y bíblicamente fundamentadas por las que debemos practicar la disciplina espiritual de dar? ¿Cuál te llamó más la atención?

3. El autor afirma que "el dinero no es un fin en sí mismo, sino un medio que nos ayuda a alcanzar una meta". ¿Habías visto el dinero como un medio y no como un fin en sí mismo?

4. ¿Crees que manejar el dinero sin sabiduría es un peligro?

5. El autor afirma que "esta es la lucha que tengo: dejar de invertir en aquellas cosas menos importantes, para tener dinero para invertir en lo que vale la pena: glorificar a Dios y servir al necesitado". ¿Te sientes identificado/a con el autor? ¿Cómo luchas con manejar el dinero?

6. Juan Wesley dijo: "Gana todo lo que puedas, ahorra todo lo que puedas, da todo lo que puedas". ¿Qué te parecieron las condiciones de Wesley para ganar, ahorrar y dar todo lo que podamos?

7. El autor afirma que el diezmo en el Antiguo Testamento "era un sacrificio económico extraordinario para el pueblo, porque literalmente vivían de eso. Al pedirle que sacrificaran lo más importante que tenían, Jehová les hacía entender que Él se merecía eso como su único Dios y que su seguridad como seres humanos no estaba en sus posesiones sino en Él; a la misma vez que ayudan con sus diezmos a que nadie pasara necesidad". ¿Cómo crees que hoy día diezmar es

un sacrificio?

8. El autor afirma que "desde la perspectiva de Mateo, no existe evidencia bíblica de que Jesús condenara el diezmo. La preocupación de Jesús no era el diezmo en sí mismo, sino que los fariseos y escribas eran hipócritas, y tenían un serio problema de integridad". ¿Crees que todavía luchamos con este mismo problema?

9. El autor afirma que "para Jesús el diezmo era el punto de partida para glorificar a Dios y servir al necesitado por medio de las riquezas. Además, Jesús afirmó que en el momento en que diezmar no sea un sacrificio y una disciplina espiritual que nos transforme y ayude a depender de Dios más que del dinero, será necesario dar más allá del diezmo". ¿Qué piensas acerca de que el diezmo es solo un punto de partida?

10. El autor define el diezmo en el siglo 21 como un medio para 1) darle propósito a nuestro dinero, 2) aprender a depender de Dios y no de nuestro dinero, y 3) practicar la generosidad que transforma vidas. ¿Qué te parecen estas tres dimensiones del diezmo? ¿Cuál dimensión te llama más la atención?

11. El autor menciona cuatro formas en las que debemos diezmar: con alegría, compromiso, lo mejor, y conforme a nuestros ingresos. ¿Puedes mencionar alguna otra forma en que debemos diezmar?

12. Un punto de partida para diezmar es gastar el 80% de nuestros ingresos, ahorrar el 10% y diezmar el otro 10%. ¿Cómo esta fórmula o propuesta tiene sentido en tu contexto de vida?

13. El autor menciona ocho formas de tener un estilo de vida saludable. ¿A cuál de esas ocho formas necesitas prestar mayor atención? ¿Qué cambios son necesarios en tu vida para poder diezmar?

14. Si eres pastor o líder en una iglesia local, ¿tiene la

iglesia una misión en la que creer? ¿Se comunica esta misión en tu iglesia? ¿Por qué las personas deben dar a tu iglesia local? ¿Tiene tu iglesia un plan de trabajo?

15. El autor menciona que la iglesia debe agradecer a las personas que diezman y dan. ¿Cuáles son las formas en que puedes agradecer a los miembros de tu iglesia?

16. ¿Has hecho algún estudio en tu iglesia que te permita conocer si el pastorado y liderato de la iglesia diezma? ¿El liderato pastoral y laico modela la disciplina de diezmar? Si eres pastor/a o líder, ¿modelas la disciplina de diezmar?

17. Si eres pastor o pastora, ¿cuáles son las formas en que puedes prepararte para educar a la iglesia en cuanto al tema de la generosidad? ¿Cómo puedes integrar el tema de la generosidad a lo largo del año? ¿Cuándo es un buen momento en el año para una campaña de mayordomía financiera? ¿Qué materiales escritos puedes producir o adaptar para educar a la iglesia? ¿Cómo puedes aprovechar los momentos clave del año para educar sobre la generosidad?

18. El autor afirma que "las personas prefieren dar a organizaciones e iglesias que son bien administradas y que dan fruto; las personas usualmente no aportan a barcos que se están hundiendo". ¿Cómo se invita a las personas de tu congregación a que diezmen? ¿Se presenta a una iglesia organizada, bien administrada y visionaria? ¿O se presenta a una iglesia en crisis?

19. El autor afirma que "cuando entendemos que diezmar transformará nuestra ansiedad en paz, y nos liberará del apego al dinero, diezmar se convierte en una disciplina espiritual que practicaremos simplemente para vivir en paz". ¿Cómo tu iglesia puede dar testimonios que evidencien esta transformación que está ocurriendo en la vida de las personas

que diezman? ¿Estás experimentando esta transformación?

Recursos de apoyo

En la página web: www.erichernandezlopez.com encontrarás los siguientes documentos de apoyo, entre otros:

1. Tarjetas de compromiso financiero
2. Carta de agradecimiento por entregar tarjeta de compromiso financiero
3. Ejemplos de predicaciones sobre el dinero
4. VALE LA PENA (mini libro sobre mayordomía financiera)
5. Informes públicos a la congregación sobre el estado financiero, logros y fundamentos de la mayordomía
6. Tarjetas de agradecimiento para quienes diezman
7. Cartas para invitar a diezmar

CONCLUSIÓN

"Dirige la mirada hacia adelante; fíjate en lo que tienes delante de tus ojos. Piensa qué camino vas a seguir, y plántate firme en todos tus caminos. Apártate del mal. No te desvíes ni a la derecha ni a la izquierda."
Proverbios 4:25-27

El libro de Proverbios nos enseña que en la vida hay dos caminos: el de la sabiduría y el de la insensatez; y que somos llamados a escoger el primero. Escogemos el camino de la sabiduría cuando usamos nuestros talentos, palabras y dinero para amar a Dios y al prójimo. Ese camino lleva a la vida; es el camino de la sabiduría para la vida.

Es mi deseo que al concluir este libro puedas acercarte a las enseñanzas bíblicas (y en particular las de Jesús) sobre el servicio, las palabras y el dinero, reconocer con humildad dónde te encuentras y abrirte a recibir la dirección y transformación de Dios.

¿Con qué parte de este libro te has identificado más? ¿Cómo puedes usar estas enseñanzas en el contexto en el cual Dios te ha puesto a servir? ¿Qué decisiones debes tomar luego de leer este libro? ¿Hacia dónde Dios te está dirigiendo? Te invito a tomar un tiempo para reflexionar y llevar a la acción lo que Dios ponga en tu mente y corazón. Recuerda que esto no es un asunto teórico, sino práctico.

Por otro lado, recuerda que la transformación que Dios quiere hacer en tu vida es resultado de la obra del Espíritu Santo. Juan 15:5 dice: "Yo soy la vid y ustedes los pámpanos; el que permanece en mí, y yo en él, éste lleva mucho fruto; porque separados de mí ustedes nada pueden hacer". Sobre todas las cosas, procura tener una relación con Dios por medio de las disciplinas espirituales o medios de gracia, tal y como afirmaba Juan Wesley: la oración, el estudio de las Escrituras, el ayuno, la adoración congregacional (que incluye la Santa Cena) y el servicio. La transformación viene con la relación.

Hoy te invito a elegir el servicio como un estilo de vida, a usar tus palabras con prudencia de manera que traigan vida a quienes te rodean y a invertir el dinero en lo que vale la pena: amar a Dios y servir a los demás. Esta es la sabiduría para la vida diaria, y para la vida plena. Hoy te invito a imitar a Jesús, a enfocarte y a escoger y mantenerte firme en el camino de la sabiduría.

NOTAS

1. Pagán, Samuel. *Introducción a la Biblia hebrea*. Barcelona: Editorial Clie, 2012.

2. Pagán, Samuel. *Jesús de Nazaret: vida, enseñanza y significado*. Barcelona:Editorial Clie, 2012.

3. González, Justo. *Introducción a la teología cristiana*. Nashville: Abingdon Press, 2003.

4. *Biblia del Peregrino*. Bilbao: Ediciones Mensajero, 2008.

5. González, Justo (ed.). *Obras de Juan Wesley: Sermón 24: El sermón de la montaña IV*. Wesley Heritage Foundation.

6. Fue pastor de la iglesia metodista unida Christ Church en Nueva York en el siglo 20.

7. Experiencia de formación espiritual que desarrolla El Aposento Alto para jóvenes. Para más información: http://chrysalis.upperroom.org/es

8. Bakke, R. *Misión integral en la ciudad*. Buenos Aires: Cairos, 2002.

9. Burns, David D. *Feeling good: the new mood therapy*. New York: Harper Collins, 1992.

10. Adjudicado a Ambrose Bierce según el periódico Altoona Mirror en la edición del 17 de enero de 1986.

11. Anónimo

12. Es un término desarrollado por la teoría Bowen de sistemas familiares. Para más información: www.thebowencenter.org.

13. González, Justo (ed.). *Obras de Juan Wesley: Sermón 39: El espíritu católico*. Wesley Heritage Foundation.

14. Byock, Ira. *The four things that matter most: a book about living*. Nueva York: Atria Books, 2004.

15. González, Justo (ed.). *Obras de Juan Wesley: Sermón 50: El uso del dinero.* Wesley Heritage Foundation.

16. González, Justo (ed.). *Obras de Juan Wesley: Sermón 50: El uso del dinero.* Wesley Heritage Foundation.

17. Michel, Ann A. *Synergy: a leadership guide for church staff and volunteers.* Nashville: Abingdon Press, 2017.

18. Foster, Richard J. *Celebración de la disciplina.* Buenos Aires: Editorial Peniel, 2009.

BIBLIOGRAFÍA

Biblia del Peregrino. Bilbao: Ediciones Mensajero, 2008.

Brueggeman, Walter. *Money and Possessions*. Kentucky: Westminster John Knox Press, 2016.

Byock, Ira. *The four things that matter most: a book about living*. Nueva York: Atria Books, 2004.

Christopher, J. Clif. *Not Your Parents' Offering Plate: A New Vision for Financial Stewardship*. Nashville:Abingdon Press, 2008.

Christopher, J. Clif. *Whose Offering Plate Is it? New Strategies for Financial Stewardship*. Nashville:Abingdon Press, 2012.

Foster, Richard J. *Celebración de la disciplina*. Buenos Aires: Editorial Peniel, 2009.

González, Justo. *Introducción a la teología cristiana*. Nashville: Abingdon Press, 2003.

González, Justo (ed.). *Obras de Juan Wesley*. Carolina del Norte: Wesley Heritage Foundation.

Hamilton, Adam. *Enough: discovering joy through simplicity and generosity*. Nashville: Abingdon Press, 2012.

Harnish, James. *Earn. Save. Give. Wesley's simple rules on money*. Nashville: Abingdon Press, 2015.

Lewis Center for Church Leadership. *Funding Series: Theology of Stewardship and Biblical Generosity*. Washington, DC: Wesley Theological Seminary, 2014.

Mallory, Sue. *The equipping church*. Michigan: Zondervan, 2001.

Michel, Ann A. *Synergy: a leadership guide for church staff and volunteers*. Nashville: Abingdon Press, 2017.

Nouwen, Henri J.M. *A Spirituality of Fundraising*. Nashville: Upper Room Books, 2010.

Pagán, Samuel. *Introducción a la biblia hebrea*. Barcelona: Editorial Clie, 2012.

Pagán, Samuel. *Jesús de Nazaret: vida, enseñanza y significado*. Barcelona: Editorial Clie, 2012.

Bibliografía

Segura Guzmán, Osías. *Riquezas, templos, apóstoles y superapóstoles: respondiendo desde una mayordomía cristiana*. Barcelona: Editorial Clie, 2012.

Smith, Clayton L. Propel: *Good Stewardship, Greater Generosity*. Nashville: Abingdon Press, 2015.

ACERCA DEL AUTOR

Nació en Guatemala y desde los cuatro años se formó en el pueblo de Camuy en la isla de Puerto Rico. Es ministro ordenado de la Iglesia Metodista de Puerto Rico y psicólogo licenciado del Estado Libre Asociado de Puerto Rico. Posee un bachillerato en Psicología de la Universidad de Puerto Rico en Mayagüez, una maestría en Psicología Industrial Organizacional de la Universidad de Puerto Rico en Río Piedras, una maestría en Divinidad del Seminario Evangélico de Puerto Rico y un internado pos-ordenación en Liderazgo Pastoral (Lewis Fellows) del Seminario Teológico Wesley en Washington, DC. Ha sido Director Espiritual de la Comunidad Emaús de Puerto Rico y actualmente es presidente de la Junta Conferencial del Ministerio Ordenado y miembro de las Juntas de Directores del Seminario Evangélico de Puerto Rico y General Board of Higher Education and Ministry (GBHEM) de la Iglesia Metodista Unida. Está casado con Heidy S. Vale Adorno y le gusta leer, ir a la playa, tocar el piano y jugar baloncesto.

Para contactar a Eric, escriba a **info@erichernandezlopez.com**

Para más información sobre los temas de este libro, incluso diezmar, visite la siguiente página:

www.erichernandezlopez.com

CPSIA information can be obtained
at www.ICGtesting.com
Printed in the USA
LVOW03s0429010218
564686LV00002B/13/P